작고 아름다운 아들러의 철학수업

지연리 글·그림

서양화와 조형 미술을 공부했습니다. 〈꾸뻬 씨의 행복 여행〉을 시작으로 〈북극 허풍담〉 등 다수의 서적을 우리말로 옮겼으며 〈유리 갑옷〉 〈작은 것들을 위한 시: BTS 노래산문〉 외 여러 도서에 그림을 그렸습니다. 저서로 〈자루 속 세상〉 〈걱정 많은 새〉 〈자기가 누구인지 모르는 코끼리 이야기〉 〈파란심장〉 〈작고 아름다운 니체의 철학수업〉 〈라무에게 물어봐-본다는 것에 대하여〉가 있습니다. 2004년 정헌 메세나 청년 작가상, 2020년 눈높이 아동문학대전 그림책 대상을 수상했습니다.

## 작고 아름다운 아들러의 철학수업

©지연리, 2024

1판 1쇄 발행 2024년 4월 5일 | 1판 2쇄 발행 2025년 11월 15일
글 그림 지연리
기획실 정진우 정재우
편집 정혜연 김재희 황성지 | 디자인 권순영
마케팅 홍보 고다희 정은아 | 디지털콘텐츠 구지영
제작관리 윤준수 고은정 이원희

펴낸곳 열림원어린이 | 펴낸이 정중모
출판등록 1988년 1월 21일 (제406-2000-000202호)
주소 경기도 파주시 회동길 152
전화 031-955-0670 | 팩스 031-955-0661
홈페이지 www.yolimwon.com
인스타그램 @bluebird_publisher | 이메일 bbchild@yolimwon.com

ISBN 978-89-6155-491-6 73810

*저작자와 출판사의 허락 없이 이 책의 일부 또는 전체를 인용하거나 발췌하는 것을 금합니다.

어린이제품안전특별법에 의한 제품 표시
제조자명 파랑새 | 제조년월 2025년 11월 | 제조국 대한민국 | 사용연령 8세 이상

# 작고 아름다운 아들러의 철학수업

지연리 글·그림

열림원어린이

구름이 물었다.
행복은 어디에 있나요?

아들러가 대답했다.
행복은 어디에나 있지.
용기가 머무는 곳이라면.

**차례**

서문 8

프롤로그 12

행복이 미소 짓는 아이 ▸Day1~Day14. 16

문 뒤의 행복 ▸Day15~Day27. 54

행복을 심는 아이 ▸Day28~Day43. 92

호주머니 속에 든 행복 ▸Day44~Day67. 134

마주 잡은 행복 ▸Day68~Day84. 196

행복을 여행하는 아이 ▸Day85~Day100. 240

에필로그 282

서문

우리 모두에게는 길잡이 별이 필요해요

어느 밤의 일이야.

온갖 빛깔의 구름이 모여 회의를 시작했어.

"나는 우울해. 재미있는 일이 필요해."

"나도 그래. 내가 응원하는 아이에게 힘이 되어야 하는데, 그럴 힘이 남아 있지 않아."

"나는 응원하는 방법을 잊었어."

"휴, 다들 걱정이 많구나. 나도 그래. 어쩌면 좋지?"

구름들은 서로 머리를 맞대고 해결책을 궁리했어.

비를 내리는 구름은 참지 못하고 세상에 많은 비를 뿌렸고, 바람을 일으키는 구름은 소용돌이치며 하늘을 뒤흔들었어. 파도를 만드는 구름도 철썩거리며 발을 굴렀지.

"내가 응원하는 아이는 귀를 아예 닫고 살아. 아무리 얘기해도 소용없다니까."

"이어폰 때문일지도 몰라. 아이의 귀를 잘 살펴봐."

"나는 길을 잃었어."

구름이 저마다 한 번씩 자신의 어려움을 토로할 때마다 천둥 번개가 번쩍이며 우르릉거렸어.

시간이 얼마나 흘렀을까? 머리카락이 순식간에 희게 변할 정도로 아무리 생각해도 이거다 싶은 방법은 떠오르지 않고 한숨만 나올 때였어.

"좋은 생각이 떠올랐어! 아들러 할아버지에게 가 보자! 할아버지라면 우리의 질문에 답해 주실 거야!"

파란 하늘을 닮고 싶은 구름의 말에 다른 구름들이 고개를 번쩍 들었어. 그러곤 곧바로 짐을 싸기 시작했어.

"맞아! 우리가 왜 할아버지를 잊고 있었지? 세상에, 이건 말도 안 돼!"

여기저기서 탄식이 쏟아졌어.

"하지만 뭐 어때? 지금이라도 생각해 낸 게 천만다행이야! 안 그래?"

파란 하늘을 닮고 싶은 구름은 다독이는 말로 다른 구름들을 위로했어.

지금 구름들에게 필요한 건 지나간 일을 후회하는 게 아니라 내일을 향해 나아갈 용기를 되찾는 거였거든.

어느 폭풍우 몰아치는 밤의 일이었어.

**프롤로그**

 아들러의 연구실에는 온갖 빛깔의 구름이 있어.

 빨강, 초록, 노랑, 파랑……, 모두 인생이라는 하늘을 떠다니는 구름이었지.

 아들러는 매일 구름을 관찰했어.

 변덕쟁이 구름이 왜 하루에도 몇 번씩 옷을 갈아입는지, 우물쭈물 구름에는 무엇이 필요한지, 심술꾸러기 구름이 정말로 원하는 것이 무엇인지 알아내기 위해 밤을 꼬박 새우기도 했어.

 그러다가 놀라운 발견을 하게 되었어.

 우울한 파란 구름과 명랑한 노란 구름이 섞이면 괜찮은 초록색 구름이 되고, 차가운 흰 구름과 뜨거운 빨간 구름이 섞이면 따뜻한 분홍 구름이 된다는 사실이었지.

 똑같은 초록 구름도 가만히 보면 푸르스름한 초록과 노르스름한 초록으로 나뉘었고, 다른 구름 속에 숨어서 좀처럼 모습을 드러내지 않는 구름이 있는가 하면, 커졌다 작아졌다 조금만 눈을 돌려도 풍선처럼 펑 터지는 구름도 있었어.

그 많은 구름 중에는 쉼 없이 비를 내려서 아들러의 연구실을 물바다로 만드는 울보 구름도 있었고, 어디가 앞이고 뒤인지 분간되지 않을 만큼 온통 까맣게 뒤덮어서 창문을 두드리는 새의 부리 없이는 아침이 왔다는 사실을 알 수 없게 만드는 검정 구름도 있었어.

아들러는 이 모든 구름이 어디서 왔으며, 어디로 가는지 살피고 매일 관찰일지에 꼼꼼하게 기록했어.

 그러던 어느 날 밤의 일이야. 100개의 어린 구름이 아들러의 연구실 문을 두드렸어.

 아들러는 연구실 문을 활짝 열고 비에 젖은 구름들을 안으로 들여보냈어. 그러곤 서둘러 벽난로에 불을 붙여서 젖은 몸을 말려 주었지. 안 그럼 감기에 걸릴지도 모르니까.

 허기진 구름에게는 무화과잼을 바른 빵을 주고, 목마른 구름에게는 시원한 물을 마시게 했어.

 그런데 많은 구름 중 유독 한 구름이 원하는 걸 물어도 대답하지 않았어. 입술을 씰룩거리며 눈썹으로 갈매기만 그려 댈 뿐이었어.

그런데 아들러가 누구겠어? 구름 전문가잖아?

아들러는 갈매기 눈썹의 구름이 스스로 입을 열 때까지 기다렸어. 다른 구름들을 챙겨 주면서.

그 사이 갈매기 눈썹의 구름은 이 구름에서 저 구름으로 총총거리며 바삐 움직이는 아들러를 지켜보았어. 그러곤 마침내 입을 열었어.

"제게 필요한 건 내가 응원하는 아이의 행복이에요."

어느 폭풍우 몰아치는 밤의 일이었어.

행복이 미소 짓는 아이

아들러는 생각에 잠긴 얼굴로 창밖을 바라보았어.
그러곤 이렇게 말했어.

"기대했던 것과 다른 환경에 있는 사물을 보며 우리는 각각의 사물이 생존을 위한 나름의 패턴을 만들어 왔음을 알 수 있어. 인간에게도 이 원리는 같게 적용돼. 주어진 환경에 적응해 자신이 할 수 있는 최대한의 능력을 발휘하게 만드는 이 과정은 모든 생물이 내재한 자연스러운 본능이거든."

## Day1. 성격에 대하여

"할아버지, 성격이 좋다, 나쁘다, 말하는 건 무슨 기준을 두고 하는 건가요?"

누군가 바닥에 그린 선 위의 구름이 물었어.

아들러가 대답했어.

"성격이란 사회적 개념으로 이해되어야 해."

"사회적 개념이요?"

"응, 사회적 개념. 한 사람을 세상에서 따로 떼어 내서 이해하는 것이 아니라 그 사람과 주변 세계의 관계 속에서 이해해야 한다는 말이야. 무인도에 표류한 로빈슨 크루소를 이야기할 때, 그가 어떤 성격을 가졌는지를 말하는 건 아무 의미가 없거든. 좋고 나쁜 성격의 판단 기준도 사회적 개념 안에서 만들어져. 왜냐하면 인간은 누구나 다른 사람에게 인정받고 싶어 하고, 인정받고 싶은 마음에 한 행동이 주변에 좋은 영향을 줄 때 우린 비로소 그 사람의 성격이 좋다고 말하니까."

들고 보니 그랬어. 자기를 힘들게 하거나 상처 준 사람에게 성격이 좋다고 말하는 사람은 없었어. 우리가 누군가에게 좋은 사람이라고 말하는 건 그 사람이 나에게 선한 영향을 끼쳤기 때문이었지.

### Day2. 미래의 나에 대하여

"할아버지, 내가 응원하는 아이는 성격이 나쁘다는 말을 자주 들어요. 그래서 말인데요, 사람의 성격은 변할 수 있나요?"

무지개 여행을 꿈꾸는 구름이 물었어.

아들러가 대답했어.

"물론이야, 성격은 변할 수 있어. 하지만 쉽지는 않아. 왜냐하면 한 사람의 성격과 태도를 결정하는 가장 강력한 요소는 대부분 어릴 때 형성되거든. 그리고 이때 형성된 요소는 지문처럼 남아서 인생 전반에 큰 영향을 미쳐. 하지만 네가 응원하는 아이는 아직 어리고, 그래서 변화할 가능성은 훨씬 더 커. 같은 경험을 하더라도 각자 자기에게 꼭 들어맞는 결론에 도달하려 경험을 바꾸고, 뒤틀고, 왜곡하는 고집 센 어른들과는 다르니까. 익숙한 게 편하다는 이유로 자신의 잘못된 점을 거의 열정에 가까운 노력으로 유지하는 어른과도 다르지. 자기를 바꾼다는 건 정말 어려운 일이거든. 하지만 우린 누구도 과거의 내가 아니란다. 나라는 사람을 규정하는 건 내가 그리는 미래일 뿐이야."

아들러의 말에 무지개 여행을 꿈꾸는 구름은 '휴' 하고 안도의 숨을 내쉬었어. 내일의 아이가 오늘보다 나을 수 있다면 걱정으로 오늘을 보낼 필요가 없었지.

### Day3. 맏이에 대하여

"할아버지, 제가 응원하는 아이는 동생이 하나 있는데 사이가 안 좋아요. 맨날 싸우거든요. 왜 그럴까요?"

두 계단 위의 구름이 물었어.

아들러가 대답했어.

"동생한테 부모님의 사랑과 관심을 빼앗겼다고 생각해서가 아닐까?"

"애걔, 겨우 그런 거 때문에 싸운다고요?"

"자연스러운 감정이지만 아이에게는 그렇게 간단하지만은 않은 일이야. 왜냐하면 첫째는 보통 부모의 관심과 귀여움을 독차지하며 가족의 중심에서 자라거든. 그러다가 아무런 준비도 되어 있지 않은 채 동생이 태어나면 혼란이 와. 부모의 관심을 나눌 경쟁자가 생겼으니까."

"그러면 내가 응원하는 아이는 동생과 계속 싸우겠네요?"

"그렇지 않아. 동생이 생겼다는 게 좋은 점도 있다는 걸 곧 알게 될 테니까."

"그게 뭔데요?"

"협력할 기회가 생겼다는 것."

"협력할 기회요?"

"그래, 자기보다 어린 동생을 보살펴 주고, 공부도 가르쳐 주면서 아이는 협력의 가치와 중요성을 배우게 돼. 다만 지나치면 동생을 의존적인 사람으로 만들 수 있으니 적당한 선을 지켜야 하지. 간혹 남을 도우려는 마음이 지배하려는 욕구로 바뀌기도 하니까 그것도 조심하면서."

두 계단 위의 구름은 아들러의 말을 가져온 공책에 열심히 옮겨 적었어. 집에 돌아가서 아이에게 들려주려면 잊어버리지 말아야 했으니까.

### Day4. 둘째에 대하여

"제가 응원하는 아이는 언니와 남동생이 있는데 말은 잘 안 하지만 그 애도 힘들어해요. 언니와 동생 사이에 끼어서 옴짝달싹 못 하거든요. 할아버지, 이 문제는 어떻게 풀 수 있죠?"

줄다리기 중앙의 구름이 물었어.

아들러가 대답했어.

"첫째와 마찬가지로 둘째도 힘든 점은 있어. 가운데 끼어서 양쪽 모두에게 협력해야 하니까. 하지만 좋은 점도 있단다. 그건 바로 둘째가 먼저 태어난 형제를 쫓아가기 위해 끊임없이 노력해야 하는 위치에 있다는 점이야. 그래서 많은 둘째가 자신이 가진 재능을 누구보다도 빨리 성장시키곤 해. 앞선 사람을 따라잡으려면 온 힘을 다해야 하거든. 하지만 그건 혼자만의 힘으로 되는 건 아니란다. 먼저 태어난 형제로부터 배척당하지 않아야 하고, 다른 가족 구성원들도 협력적이어야 해. 그래야 자신이 위협받지 않으며 인생을 온통 투쟁으로만 보내지 않아도 된다는 사실을 알게 돼."

아들러의 말에 줄다리기 중앙의 구름은 샌드위치를 떠올렸어. 샌드위치는 빵과 내용물 모두가 있어야 했어. 빵만으로는, 혹은 내용물만으로는 샌드위치가 될 수 없었지.

## Day5. 막내에 대하여

"할아버지, 막내는요? 막내는 어때요? 내가 응원하는 아이는 막낸데, 가끔 제멋대로라는 말을 들어요. 혼자 할 줄 아는 게 없다는 오해도 받고요."

장난감 방 안의 구름이 물었어.

아들러가 대답했어.

"막내를 제외하고 모든 아이는 뒤에 태어나는 형제 때문에 가장 사랑받는 자리, 즉 왕위에서 떨어질 수 있어. 하지만 막내는 왕좌에서 내려올 일이 없어. 동생이 없으니까. 그래서 막내는 언제나 온 가족의 아기로 응석을 부리며 자라게 돼. 응석받이가 갖는 여러 문제에 부딪히기도 하면서. 하지만 좋은 점도 있어. 가족의 중심이라는 매우 유리한 위치에서 부모 형제에게 도움을 받아 종종 성공을 거머쥐거든. 단, 조건이 있어. 가족의 지나친 보호가 없어야 한다는 점. 과보호는 홀로서기를 방해하기 때문이야. 열등감도 조심해야 해. 주위의 모두가 그보다 나이가 많고 힘도 센데다가 경험도 풍부해서 종종 막내의 야심을 좌절시키기도 하거든."

## Day6. 외동에 대하여

"할아버지, 형제가 없는 아이는요? 제가 응원하는 아이는 형제가 없어요."

탁 트인 들판의 구름이 물었어.

많은 구름이 귀를 쫑긋거리며 이 질문에 큰 관심을 보였어. 자기가 응원하는 아이 중에 외동이 많아서였지.

아들러가 대답했어.

"외동에게는 독특한 특성이 있어. 그건 바로 외동에게도 경쟁 상대는 있지만 형제가 그 경쟁자는 아니라는 점이야. 외동의 경쟁심은 어머니나 아버지를 향하거든. 부모와의 잘못된 경쟁에서 몇몇 콤플렉스를 겪기도 하지만, 부모의 협력 아래 건강하게 자란 외동은 대체로 자신이 받은 관심과 애정을 타인과 나눌 줄 알게 돼. 부족함이 없기에 아이의 내면도 왜곡된 자아상 없이 풍요로울 수 있어."

"제가 그 아이를 위해 할 일은요?"

"친구가 되어 주면 어떨까 해. 형제자매와 같은."

탁 트인 들판의 구름은 아들러의 말이 마음에 들었어. 자기도 가끔은 친구가 필요했거든. 인생을 혼자 여행한다는 건 누구에게든 외로운 일이지.

### Day7. 소통에 대하여

"제가 응원하는 아이의 엄마, 아빠는 매일 싸우세요. 서로 이해하지 못하겠대요. 아이도 그런 부모님을 이해하지 못하죠. 이 가족은 왜 서로를 이해하지 못할까요?"
항아리 위의 구름이 물었어.

아들러가 대답했어.

"인간에 대한 이해는 오래전부터 인류가 해결하고자 노력해 온 거대한 과제야. 하지만 이제껏 체계적으로 다뤄지지 않았어. 그래서 대부분이 이 문제에 대해 이렇다 할 해결책을 갖고 있지 않아. 게다가 오늘날만큼 인간이 소외된 채 살아가는 시기는 없었어. 어린 시절부터 다른 사람과 소통하지 않는 삶을 살고 있으니까."

"그럼 어떡해요?"

"지금처럼 무엇이, 왜 이해되지 않는지 서로 이야기를 나누어야 하지! 하지만 그러려면 먼저 자기만의 방에서 나와야 해."

자기만의 방에서 나온다니! 항아리 위의 구름은 그 말이 무슨 뜻인지 알 것 같았어. 항아리 안에서는 주변 풍경을 넓은 시야로 볼 수 없었거든.

## Day8. 남자다움에 대하여

"할아버지, 제가 응원하는 아이는 감동을 잘하고 잘 울어요. 그때마다 아이의 부모님은 남자가 우는 건 부끄러운 일이라고 가르치시죠. 정말로 그런가요?"

들꽃을 좋아하는 전사 구름이 물었어.

아들러가 대답했지.

"오늘날 우리는 남자다움의 기준이 무엇인지 잘 알아. 하지만 그렇다고 우리가 믿는 그러한 이성 간의 특징이 정당한 건 아니란다."

"왜요?"

"왜냐하면 그건 자연스럽게 생겨난 게 아니거든. 오히려 틀에 박힌 사고가 만든 제한된 삶의 방식일 뿐이니까."

"네?"

구름은 아들러의 말이 잘 이해되지 않았어.

아들러가 설명을 이었어.

"남자다운 건 뭘까? 사람들은 흔히 남들보다 뛰어나길 바라는 마음과 그에 따른 적극성, 용기, 강인함, 자부심, 승리감, 직위 획득, 위엄 같은 걸 남자답다고 말해. 반대로 헌신, 복종, 봉사처럼 종속적인 개념과 동일시된 것들을 여성적이라고들 하지. 고대 이래 종족 사이에 발발한 끝없는 전쟁 과정에서 남성은 전사로서 더 특별한 역할을 맡았고, 이때 얻은 우월한 지위가 현재까지 이어지는 거야. 하지만 남성성과 여성성에 대한 개념도 향후 언제든 변할 수 있는 것들이야."

"그럼 아이가 잘 우는 건 남자다움과 거리가 먼 게 아니네요?"

"물론이야. 그 애는 남자답지 못한 게 아니라 감수성이 풍부한 것일 수 있어."

들꽃을 좋아하는 전사 구름은 고개를 끄덕였어. 생각해 보니까 파랑은 남자, 분홍은 여자라는 색 구분도 근거 없는 말이었어.

### Day9. 여자다움에 대하여

"우아, 할아버지. 제가 궁금해하던 것도 그런 거예요! 내가 응원하는 아이는 여자아이인데도 얌전하지 않다고 혼나거든요! 그래서인지 아이는 커서 남자가 되고 싶어 해요."

운동장을 누비는 구름이 외쳤어.

"남자가 되고 싶어 한다고? 왜?"

아들러가 물었어.

"남자들이 훨씬 힘이 세니까요! 유명한 그룹의 회장은 전부 남자잖아요? 대통령도 거의 다 남자고요!"

"그렇구나. 그런데 그건 왜 그럴까? 우린 이 점에 관해서도 한 번쯤 생각해 보아야 해. 어쩌면 그것 역시 문화가 발전하고 권력을 키우는 일에 남성의 중요성이 특별히 강조되는 분위기가 현재까지 지속되는 것일 수도 있지. 남성에게 일정한 이익이 보장되는 방향으로 노동이 나뉘면서 결과적으로 여성은 남성 특권층의 지배 아래 살게 되었지. 남녀 간의 갈등은 현재까지 모두에게 고통이 되고 있어."

"그럼 어떻게 해야 해요?"

"누구나 남자 혹은 여자로 태어나지만, 이 양성 간의 치이가 한 사람의 성장에 방해되지 않도록 다 함께 노력해야지."

"어떤 노력이요?"

"우리가 변하지 않는 진리라 믿는 모든 것에 오늘처럼 질문을 던지면서 함께 해답을 찾아가는 거야. 질문 하나에 올바른 해답을 얻는 사람이 한 명씩 더해질 때마다 우리가 사는 세상은 그만큼 더 나은 방향으로 발전해 나갈 테니까."

"그러면 그 애는 성별에 상관없이 원하는 꿈을 이룰 수 있나요?"

"물론이야. 꿈을 이루는 데 남자인지 여자인지는 아무 상관이 없어. 우린 그런 사회를 꿈꾸어야 하고, 그런 사회에 살아야 해."

## Day10. 성평등에 대하여

 "하지만 할아버지, 인터넷을 보면요, 누군가를 벌레에 빗대어 '충'이라는 별명으로 부르기도 해요. 사실 제가 응원하는 아이의 엄마는 여성의 권리를 신장시키는 일을 한대요. 그런 사람들을 '페미니스트'라고 하는데요. 누군가는 나쁘게 생각하고 놀리기도 하나 봐요. 글쎄 페미충이라고 불린 적도 있대요. 그리고 내가 응원하는 아이가 학교에서 친구들에게 자기 엄마가 하는 일에 대해 이야기했을 때도 몇몇이 '우' 하고 놀렸어요.

그 일이 그렇게 비난받을 일인가요?
왜 여성의 권리를 찾는 일이 놀림을 받는 거예요?"

깃발을 껴안는 구름이 물었어.

아들러가 대답했어.

"그렇지 않아. 우리는 상대의 성에 대해 반대자가 되지 않아야 해. 서로 믿지 못하면 모두에게 고통이 될 뿐이거든. 그런데 왜 여성의 권리를 높이는 일에 반대해야 하지? 우린 오히려 자유와 평등을 향한 그들의 노력에 지원을 아끼지 말아야 해."

깃발을 껴안는 구름은 자기가 응원하는 애를 꼭 안아 주어야겠다고 생각했어. 그러면 그 애도 자기 엄마를 안아 줄 테니까. 여자라는 이유로 아직도 학교에 가지 못하는 아이가 많다고, 그런 아이가 더는 없도록 세상을 변화시키는 게 꿈이라고 그 애의 엄마가 말씀하셨거든. 그건 비난받을 일이 아니었어.

## Day 11. 사춘기에 대하여

"할아버지, 저는 요즘 제가 응원하는 아이 때문에 힘들어요. 아이가 이상해졌거든요. 안 하던 짓을 해서 주위를 놀라게 하고 말썽도 잦죠. 이유가 뭘까요?"

폭풍의 눈을 지나는 구름이 물었어.

아들러가 대답했어.

"다른 이유가 없다면 사춘기에 접어든 게 아닐까 해."

"사춘기요? 에이 벌써요? 아이는 이제 겨우 열 살이에요!"

"사춘기는 대략 14세부터 20세 정도까지를 의미하지만, 요즘은 10세나 11세에 사춘기가 시작되기도 해. 아이들의 삶도 이전보다 복잡해져서 뭐든지 빨라졌거

든. 사춘기에 접어든 아이들은 대체로 자기가 더는 어린아이가 아니라는 사실을 증명하고 싶어 해. 그래서 담배를 피우거나 욕을 하고, 밤늦게까지 귀가하지 않거나 온순하던 아이가 갑자기 반항적으로 변해서 주변을 놀라게 하지. 독립하고 싶은 마음, 어른과 동등한 대우를 받고 싶은 마음 때문이야. 하지만 너무 걱정하지 않아도 돼. 사춘기는 쉽게 지나가지 않지만, 누구나 어른이 되기 전에 거치는 멋진 과정이니까. 왜냐하면 인생의 여러 문제에 대해 창조적이고 자립적인 방식으로 해결하기 시작하는 시기이거든."

 폭풍의 눈을 지나는 구름은 마음이 한결 놓였어. 지나기 어려운 시기도 결국은 지나간다니, 힘들기만 한 시기에도 좋은 점이 있다니, 그보다 큰 위로는 없었지.

## Day12. 다양한 직업에 대하여

"할아버지, 저는 세상에 왜 이렇게 많은 직업이 있는지 궁금해요. 제가 응원하는 아이는 직업이 너무 많아서 나중에 커서 뭘 하면 좋을지 모른다고 하거든요. 몇 가지 일만 있다면 좋을 텐데요. 안 그래요?"

씨앗 위 고개를 든 새싹 구름이 물었어.

아들러가 대답했어.

"세상에 이토록 많은 직업이 있는 이유는 노동의 분화가 인간 사회의 유지를 위해 필수적인 요소이기 때문이야. 사회는 우리가 각자의 자리에서 자기 몫을 다하길 바란단다. 우리 또한 함께 살아가는 세상 속에서 자신에게 주어진 일을 어떻게 하느냐에 따라 가치를 평가받지. 이때 분업은 개개인이 사회를 구성하는 거대한 연결 고리가 되게 해 줘. 그렇게 해서 자기 자신과 삶을 의미 있는 것으로 만들어 주지."

"모든 일이 의미 있는 건 아니잖아요? 모두가 의미 있는 일을 하는 것도 아니고요. 안 그래요?"

"그렇지 않아. 범죄를 제외하고, 모든 일은 각각의 의미를 지녀. 행복이 누구에게나 미소 짓듯, 가치 없는 사람도 없지."

씨앗 위 고개를 든 새싹 구름은 조금 부끄러웠어. 더 의미 있는 일과 그렇지 않은 일이 있다고 생각해 왔으니까. 하지만 이제 알게 되었지. 세상에 의미 없는 일은 없고, 그렇게 생각하는 사람만 있을 뿐이라는 것을. 방금 전의 자신처럼.

## Day13. 가치 있는 일에 대하여

"할아버지, 그래도 모두가 직업을 갖진 않아요. 내가 응원하는 아이의 엄마도 일하지 않으시거든요. 그래서 여쭙는데요, 직업이 없는 사람도 의미 있는 일을 하나요?"

공기처럼 투명한 구름이 물었어.

"아이의 아버지는 뭘 하시니?"

"회사에 다니세요."

"회사에 다니면서 뭘 하시지?"

"돈을 벌어 오시죠."

"어머니는 뭘 하시고?"

"밥도 해 주시고, 청소와 빨래도 하시고, 학원에 데려다주시기도 해요."

아들러가 대답했어.

"그래, 아버지는 회사에 다니시면서 가정을 유지하는 경제활동을 하고, 어머니는 가정을 지키는데 필요한 일을 하셔. 이중 한 가지가 없으면 그 가정은 어떻게 될까?"

"힘들어져요."

"맞아. 아버지와 어머니 모두 분업을 통해 가정에 필요한 부분을 나눠 책임지고 계신 것이야. 요즘은 맞벌이 부부가 많아서 다는 아니지만, 이렇게 부모의 한쪽이 큰 의미에서의 사회적 직업을 갖고 다른 한쪽은 작은 의미에서의 사회적 직업을 갖고 일하는 가정이 있어. 양쪽 모두 맡은 소임에 최선을 다하면서 가치 있는 일을 하는 것이지. 진정으로 가치 있는 일이란 이렇게 사람과 사회에 유용한 것이야."

공기처럼 뿌옇한 구름은 아들러의 말이 무슨 뜻인지 알 것 같았어. 아이의 어머니가 없었다면 자기가 응원하는 아이는 제대로 된 식사를 할 수 없었고, 그러면 건강이 나빠질 수도 있었어.

### Day14. 예술에 대하여

"할아버지, 예술가는요? 내가 응원하는 아이는 예술가가 되고 싶어 해요. 그런데 부모님이 반대하세요. 예술가는 돈을 못 벌어서 그렇다나요? 돈을 많이 못 버는 직업은 좋은 직업이 아닌가요?"

별을 꿈꾸는 구름이 물었어.

아들러가 대답했어.

"큰일 날 소리! 모든 천재적 예술가도 그렇지만, 예술은 그 자체로 큰 의미를 지녀. 왜냐하면 작곡가는 우리가 음을 듣고 이해할 수 있도록 돕고, 시인은 우리가 사용하는 언어를 풍성하게 해 주거든. 화가도 그래. 그들이 없었다면 우리는 세상에 존재하는 다양한 색을 구별하고 각각의 색에 맞는 이름을 붙일 수 없었을 거야. 고대 그리스 시인 호메로스조차 시에서 단 세 가지 색을 언급했던 걸 보면, 화가들의 노력이 우리의 시각 활동에 얼마나 큰 공헌을 했는지 알 수 있어."

아들러의 말에 별을 꿈꾸는 구름은 자기가 응원하는 아이와 밤새 나누던 길고 긴 대화를 떠올렸어. 아이와 함께한 아름다운 산책도 생각했지. 모두 예술가를 꿈꾼 아이가 있었기에 누릴 수 있는 것들이었어.

# 문 뒤의 행복

 아들러는 노트를 펼치고 그 위에 연필로 두 개의 도형을 그렸어. 그러곤 이렇게 말했어.

"원은 둥글어서 한자리에 머물 수 없어. 하지만 구를 수 있지. 사각형도 그래. 사각형은 각진 모서리 때문에 구르기 힘들지만, 안정적으로 머물 수 있거든. 우리는 누구나 이렇게 불완전하게 태어나. 그리고 자신의 열등감에서 벗어나려 노력하지. 여기서 중요한 건 열등감 자체가 아닌, 부족한 점을 인정하고 받아들여서 스스로의 가치를 높이기 위한 발판으로 삼는 마음이야."

## Day15. 정신에 대하여

"할아버지, 저는 우리에게 왜 뿔이 없는지 궁금해요. 이건 사실 제가 궁금한 건 아니고요, 내가 응원하는 아이가 궁금해하는 거예요. 그 아이가 그러는데 코뿔소처럼 멋진 뿔이 있으면 나쁜 놈을 쉽게 물리칠 수 있을 거래요. 인간에게는 왜 뿔이 없을까요?"

바위를 흔드는 구름이 물었어.

아들러가 대답했어.

"인간에게는 뿔보다 강력한 게 있어."

구름은 생각지도 못한 아들러의 대답에 깜짝 놀랐어.

"그런 게 있어요? 뭔데요?"

"정신!"

"정신이요?"

"응. 자연의 관점에서 보면 인간은 열등해. 그래서 이 열등함에서 오는 위축감과 불완전하다는 느낌에서 벗어나기 위해 인간은 항상 자연에 적응하는 더 좋은 방법과 더 나은 기술을 찾으려 노력해 왔어. 이때 적응과 안전을 꾀할 수 있는 도구로 뿔 대신 사용된 게 바로 정신이야. 정신은 예측, 예방, 조치 능력을 통해 인간이 신체적 결함을 극복할 수 있도록 돕는 매우 강력한 무기야. 이 무기로 우린 만족을 추구하며 갈등을 최소화하고, 상황에 맞게 적응해 정상저인 생활을 영위할 수 있어."

## Day16. 열등감에 대하여

이윽고 열여섯 번째 질문이 시작되었어.

"제가 응원하는 아이에게는 공부를 진짜 잘하는 형이 있어요. 그 애의 형은 공부만 잘하는 게 아니에요. 친구도 많고, 농구도 잘해요. 뭐든 동생보다 훨씬 낫죠. 아이는 그런 형을 굉장히 부러워해요. 그러면서 '나는 왜 이것밖에 안 될까?' 하고 생각하죠. 저는 그 애가 그런 생각을 할 때마다 우울해지고요. 어떻게 하면 좋을까요?"

큰 구름이 되고 싶은 작은 구름이 물었어.

구름의 질문에 아들러는 이렇게 대답했어.

"열등감은 모든 인간이 가진 감정이야. 형보다 못하다는 생각도 열등감에서 나온 것이지. 하지만 형보다 뒤떨어져서 열등감이 생긴 건 아니란다. 아무리 우수한 사람도 열등감은 있으니까. 왜냐하면 목표가 있는 한 열등감은 늘 생기기 마련이거든."

"목표요?"

"'이런 사람이 되고 싶다, 이렇게 살고 싶다.'라는 목표."

"그런 게 있으면 좋은 거 아니에요?"

"문제는 그 목표가 항상 현재의 자신보다 높게 정해진다는 데 있어. 그래서 더 위로 올라갈 데가 없어 보이는 사람도 지금의 자신보다 더 높은 목표를 갖곤 하지. 그런 사람에게는 아무리 시간이 지나도 영원히 목표가 이루어지지 않아."

"그럼 내가 응원하는 아이는 열등감이란 감정에서 영원히 벗어날 수 없는 거네요."

구름이 시무룩한 표정을 지었어.

아들러가 말했어.

"아니, 꼭 그렇지만은 않아. 열등감도 주관적인 거라서 어떻게 다루냐에 따라 달라지거든. 열등감은 결과가 아니란다."

열등감이 결과가 아니라는 아들러의 말에, 큰 구름이 되고 싶은 작은 구름은 문 안쪽 세상과 문밖의 세상을 떠올렸어. 벽에 난 작은 문을 통해 나뉜 이 두 공간은 전혀 다른 풍경을 보여 주었어.

## Day17. 열등감을 극복한다는 것에 대하여

그때였어. 달리는 말보다 빠른 구름이 고개를 갸웃거렸어.

그러곤 큰 구름이 되고 싶은 작은 구름에게 귓속말했어.

"열등감을 어떻게 다뤄야 하는지는 말씀하지 않으셨잖아. 그걸 물어봤어야지!"

그 소리를 듣고 아들러는 미소 지었어.

"좋은 지적이야. 열등감을 극복하려면 누구나 그런 감정을 느낀다는 것과 그 감정을 다뤄야 할 사람이 자기 자신이라는 사실을 알아야 해. 그것만으로도 시작은 충분하지. 하지만 어떤 행동을 해야 하는지에 관한 문제는 아직 남아 있단다."

"그렇죠?"

말보다 빠른 구름은 가슴을 앞으로 내밀었어. 아들러의 설명이 이어졌어.

"자신이 남보다 못하다는 감정은 사실 '열등성', '열

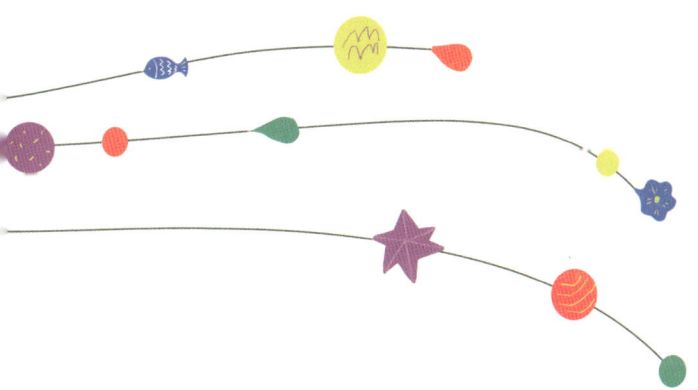

등감', '열등콤플렉스' 이 세 가지로 구분돼. 여기서 열등성이란 기관지가 약하거나 신체 일부에 장애가 있는 경우처럼 구체적으로 드러나는 열등한 성질을 말한단다. 하지만 열등감은 스스로가 뒤떨어졌다고 생각하는 주관적인 감정이라서 어떻게 보느냐에 따라 달라져. 그러면 열등콤플렉스란 뭘까? 그건 바로 열등감을 핑계로 아무런 노력도 하지 않고 해야 할 일을 미루는 걸 말해. 그래서 우린 열등콤플렉스에 빠지지 않기 위해 주의해야 해. 귀가 들리지 않지만 훌륭한 곡을 작곡한 베토벤이나 눈병으로 앞이 잘 보이지 않아도 아름다운 그림을 그린 모네처럼 우리가 사는 세상에는 열등감을 성장의 발판으로 삼아 업적을 이룬 사람이 많다는 사실을 기억하렴."

 말보다 빠른 구름은 처음 듣는 단어들 때문에 머리가 어질어질했어. 그래도 필기하는 속도를 늦추지는

않았어. 자기가 응원하는 아이에게 중요한 내용 같았거든. 왜냐하면 그 애는 달릴 수 없는 다리를 가졌으니까. 그래서 더 많은 응원이 필요했지.

### Day18. 결핍에 대하여

옆에서 듣고 있던 코바늘뜨기의 장인이 되고 싶은 구름이 가만히 입을 열었어.

"할아버지, 제가 응원하는 아이는 엄마랑 따로 살아요. 부모님이 따로 사는데, 아이는 아빠와 지내거든요. 아빠는 언제나 바쁘고, 저는 매일 혼자 지내는 그 애가 안쓰러워요. 뭐든 돕고 싶은데, 제가 그 아이에게 무엇을 해 주면 될까요?"

구름의 질문에 아들러는 이렇게 대답했어.

"부모에게 물려받은 유전이나 자라난 환경은 '재료'일 뿐이야. 물론 영향은 있어. 부모의 양육 방식에 따라 성격이 다르게 형성될 수 있으니까. 하지만 그 영향은 적단다. 전부가 아니지. 그 재료를 써서 살기 불편한 집을 지을지, 살기 편한 집을 지을지는 스스로 결정하는 것이니까. 이해하기 어렵다면 한 가지 예를 들어 줄까?"

아들러는 옹기종기 모여 앉은 구름들을 둘러보았어. 그러고는 이렇게 물었어.

"너희가 응원하는 아이 중에 지금 어떤 어려움을 겪고 있는데 그게 모두 부모님이나 선생님, 혹은 친구 때문이라고 생각하는 아이가 있니?"

## Day19. 오늘의 나에 대하여

 구름들이 술렁였어. 왜냐하면 그런 생각을 하는 아이들이 꽤 많았거든.

 아들러가 말했어.

 "한 사람이 있었어. 그는 큰 죄를 짓고 벌을 받았어.

그런데 왜 그런 죄를 지었냐는 판사의 물음에 그는 이렇게 대답했단다. '부모에게 버림받았으니까요.'라고 말이야. 부모에게 버림받고 제대로 된 가정에서 자라지 못해서 죄를 지었으니, 자기 탓이 아니라고 말한 거야. 하지만 부모에게 버림받은 아이 모두가 죄를 짓지는 않아."

나무 뒤에 숨은 구름이 물었어.

"모든 게 내가 어떻게 하느냐에 따라 달라진다는 말씀인가요?"

아들러가 대답했지.

"그래. 과거나 처한 환경 탓만 하는 건 변명에 지나지 않아. 변명만 하며 인생을 허비하는 건 정말 어리석은 짓이고 말이야. 어떤 길로 나아갈 것인지는 모두 자신의 선택에 달려 있거든. 어떤 과거였든, 미래는 오늘 여기 있는 내가 만드는 것이니까."

## Day20. 열등콤플렉스에 대하여

"내가 응원하는 아이의 아빠는 술을 마시면 한탄해요. 할아버지가 부자였으면 자기가 대학에도 다니고 성공해서 지금보다 훨씬 잘살았을 거라고요. 이것도 열등감 때문인가요?"

먼지 낀 책상 아래 구름이 물었어.

아들러가 대답했어.

"우린 열등감과 열등콤플렉스를 구별해야 해. 이 둘은 엄연히 다르니까."

"아, 맞아요!"

"좋아, 그러면 콤플렉스가 뭔지 알아볼까? 콤플렉스란 집착에 가까운 복잡한 마음 상태를 표현하는 용어야. 열등감과는 아무 관계가 없지. 그런데 많은 이들이 이 둘을 하나로 혼동해."

"어떻게요?"

"예를 들어 학력이 낮다는 사실에 부족함을 느끼는 감정은 열등감에 속해. 이 열등감이 좋은 방향으로 나아가면 우린 학력이 낮으니 남보다 더 노력해야겠다고 생각하게 돼. 그리고 실제로도 더 노력하지. 하지만 학력이 낮아서 성공하지 못했다고 변명한다면, 그래서 '어차피 나는 안 돼.'라고 포기한다면, 그건 열등감이 아닌 열등콤플렉스야. 현재의 만족스럽지 않은 상황이 노력에 따라 달라질 수도 있다는 사실을 받아들이지 못하는 거지. 그래서 열등감을 변명거리로 삼아 포기하게 만들어. 열등감이 '열등콤플렉스'가 되어 성장을 방해하는 것이야."

먼지 낀 책상 아래 구름은 그제야 아이의 아빠가 이해되었어. 아빠의 열등감이 좋은 방향으로 나아가면 얼마나 좋을까 생각도 했지.

### Day21. 예측 능력에 관하여

"할아버지, 제가 응원하는 아이의 엄마는 아이가 잘못하면 꼭 이러세요. '생각 좀 해 봐, 너의 행동이 어떤 결과를 가져올지.'라고 말하며 아이를 생각 의자에 앉히세요. 자기 아이가 생각 의자에 앉는 걸 얼마나 싫어하는지 알면서도요. 아이의 엄마는 왜 그러실까요?"

상자에 무엇을 담을지 고민하는 구름이 물었어.

아들러가 대답했어.

 "아까 말했듯, 인간의 정신은 미래에 일어날 일을 예측하는 능력을 갖췄어. 이 능력 덕분에 우린 아직 일어나지 않았지만 일어날 수도 있는 상황을 고려해 가치 있는 판단을 하게 되었고 말이야. 겪어야 할 상황에 대한 사고와 감정, 느낌을 종합한 뒤에야 더 노력할지, 조심해야 할지, 피해야 할지에 대한 견해를 갖게 된 거야."

 "그럼 그 애는 앞으로도 쭉 생각 의자에 앉아야 해요?"

"아니, 그렇지는 않아. 이 세상에 영원히 지속되는 건 없고, 지금은 일종의 훈련을 거치는 중이거든. 예를 들어 그림을 배울 때 처음에는 선을 긋는 연습부터 해. 그 과정을 거친 후에는 그림에 필요한 좋은 선이 자연스럽게 나오지. 예측도 그래. 생각 의자에 꼭 앉지 않아도, 나중에는 저절로 앞으로 일어날 상황을 예측하고 그것에 맞는 올바른 선택을 할 수 있게 돼."

 아들러의 말에 구름의 걱정은 싹 사라졌어. 아이는 생각 의자에 앉는 걸 정말 싫어했지만, 좋은 능력을 키우기 위한 훈련 과정이라고, 그래서 끝이 있다고 말해 주면 이해할 것 같았기 때문이야.

### Day22. 관점에 대하여

"할아버지, 제가 응원하는 아이는 성격이 왜 그렇게 어둡냐는 말을 자주 들어요. 애가 애답지 않고 잘 웃지도 않는다고 이상하대요. 그래서 그 애는 성격이 밝은 사람이 되고 싶어 해요. 그렇게 될 수 있을까요?"

바흐의 연주를 좋아하는 구름이 물었어.

아들러가 대답했어.

"먹구름은 해를 가려서 세상을 어둡게 만들어. 천둥 번개를 만들어 두려움을 심어 주기도 하면서. 하지만 비를 내려 물이 필요한 이들에게 생명을 선물하기도 해. 우린 그 구름을 천둥 번개를 치게 만들고 세상을 어둡게 만들어서 나쁘다고 말할 수도, 혹은 비를 내리니 좋다고도 말할 수 있어. 어떻게 바라보느냐에 따라 다른 거니까. 누군가 어둡다고 평가한 그 아이의 성격도 그래. 좋게 보면 그 아인 남달리 침착한 것일 수 있거든. 굼뜬 사람은 신중한 것일 수 있고, 성급한 사람은 재빠른 사람일 수 있는 것이지. 마찬가지로 참견쟁이는 친절한 것일 수 있고, 매사에 둔감한 사람은 둔감한 게 아니라 자신의 세계를 가진 사람일 수 있어."

아들러의 말에 바흐의 연수를 좋아하는 구름이 빙그레 미소 지었어. 생각해 보니까 자기가 응원하는 아이는 매사에 정말 침착했어.

Day23. 유전에 대하여

"제가 응원하는 아이는 수학에 영 재능이 없어요. 그런데 그 애의 아빠는 그게 아이의 엄마 탓이래요. 엄마를 닮아서 아이가 수학을 못한다고요. 정말인가요?"
삼원색 속의 구름이 물었어.

아들러가 대답했어.

"누구도 성장의 한계를 예언할 수는 없어. 특정 과목에 관한 지적인 능력도 운명이나 유전으로 정해진 고정적인 한계가 아니지. 뇌의 구조가 어느 정도까지는 유전되는 게 사실이지만, 뇌는 정신의 도구이지 기원은 아니거든. 높은 수준의 지적 능력을 뒷받침하는 건 특별한 유전적 형질이 아니라 오랫동안 기울인 관심과 훈련 덕분이니까. 모두가 잘 아는 모차르트의 재능도 유전된 것은 아니었어. 부모의 음악에 대한 흥미와 아들의 재능을 눈여겨보고 시작한 빠르고 꾸준한 훈련 덕분이었지. 물론 모차르트 본인의 음악에 대한 애정과 노력도 포함해서."

삼원색 속의 구름은 자기가 응원하는 아이가 수학을 못하는 이유가 그 애의 엄마에게 있지 않다는 아들러의 말이 마음에 들었어.

## Day24. 지능에 대하여

"저……, 뭐 하나 물어봐도 돼요?"

구석진 곳의 구름이 우물쭈물 물었어.

아들러가 말했어.

"물론이야. 누구든 궁금한 걸 질문할 수 있어."

"바보 같은 질문도요?"

"그런 질문은 세상에 없단다. 그러니까 걱정하지 말고 말해 보렴."

구석진 곳의 구름이 용기를 내어 물었어.

"제가 응원하는 아이는 얼마 전에 한 지능 검사에서 매우 낮은 점수를 얻었어요. 그 애의 엄마는 속상해서 이렇게 말했어요. 그런 머리로는 공부를 잘할 수 없다고요. 제가 응원하는 아이는 정말로 영영 공부를 잘할 수 없을까요?"

아들러가 대답했어.

"오! 아니야, 절대 그렇지 않아. 사고, 판단, 인식을 아우르는 한 사람의 능력은 모두에게 똑같은 단계로 발달하지 않아. 내가 아는 어떤 아이도 첫 번째 지능 검사에서 결과가 좋지 않았는데 몇 년 지나 다시 한 검사에서는 매우 좋은 결과를 얻었거든. 지능의 발달은 환경의 영향을 받기도 해. 포기하기는 이르지. 또한 검사로만 정확한 지능을 판단할 수 있는 것도 아니란다."

### Day25. 의지에 대하여

"할아버지, 의지가 약한 건요? 그건 무슨 콤플렉스 때문이에요? 제가 응원하는 아이가 매일 듣는 말이 바로 그 말인데, 저는 사실 그게 무슨 뜻인지 잘 이해되지 않아요. 의지가 약한 건 나쁜 건가요?"

마시멜로 구름이 물었어.

아들러가 대답했지.

"의지의 약함이나 강함 중 좋고 나쁨을 가리기 전에 우리가 알아야 할 게 있어."

"그게 뭐죠?"

"의지란 무엇인가 하는 것!"

아들러의 말에 마시멜로 구름은 '아하!', 하는 표정을 지었어.

아들러가 말을 이었어.

"의지란 '나'로 존재하는 방식의 여러 측면 중 하나야. 부족함을 느끼는 감정에서 만족의 감정에 이르려고 하는 충동이자 그에 따른 행동이지. 따라서 모든 의지는 부족함, 열등함의 감정에서 출발해서 만족 상태, 신뢰, 충일감의 상황을 향해 나아가려는 경향이 있어."

아들러의 말에 구름이 물었어.

"그럼 의지가 약한 건 나쁜 게 아니네요. 부족한 게 없다는 뜻이니까요."

아들러가 대답했어.

"중요한 건 만족감이야. 삶의 전반을 아우르는 만족감. 자기 삶에, 또는 어떤 상황에 만족하지 않으면서도 더 나아지려 노력하지 않는다면 불만이 쌓이니까. 불만은 또 다른 열등감을 낳고, 앞서 말했듯 열등감은 건강하지 못한 여러 방식으로 표현되거든."

의지의 약함이나 강함보다 더 중요한 것이 만족감이라니! 한 번도 생각해 보지 못한 것이었어. 마시멜로 구름은 그 진실을 잊지 않으려고 손바닥에 얼른 그 말을 받아 적었어.

## Day26. 위대함에 대하여

그때였어. 마시멜로 구름에서 뒤로 세 줄, 왼쪽으로 의자 다섯 개 건너 앉은 구름이 고개를 갸우뚱거렸어. 그러곤 이렇게 물었어.

"할아버지, 제가 알기론 모든 위대한 사람은 의지가 강한 사람이에요. 다들 그런 사람을 말할 때 불굴의 의지를 말하니까요. 그래서 이해되지 않는 게 있어요. 할아버지 말씀대로라면 위대한 사람 또한 보통 사람처럼 자기 자신에게 부족함과 열등감을 느껴야 하는데요. 위대한 사람이 어떻게 그럴 수 있죠?"

　아들러가 대답했어.

"모든 위대한 것은 학문, 정치, 예술에서의 성취와 마찬가지로 보편적 가치를 증명할 수 있을 때 위대하다는 성질을 얻어. 개인을 평가하는 기준으로 이상형을 꼽을 때도 우린 인류에 대한 그 사람의 가치와 유용성에 의해 가치의 있고 없음을 규정하지. 정의라 부르는 것도, 진리라 부르는 것도, 결국에는 보편성을 얻은 후에야 유지될 수 있는 미덕이거든. 위대한 사람도 그래. 우리가 위대하다고 여기는 사람은 자기 앞에 놓인 과제와 어려움을, 모두가 가치 있다고 여기는 방법으로 극복한 사람이야. 부족함이 전혀 없는 사람을 뜻하는 게 아니지."

## Day27. 고민에 대하여

"할아버지, 내가 응원하는 아이는 요즘 다이어트를 한다고 난리예요. 제가 보기에는 좋은데 뚱뚱하다나요? 그 아이뿐만이 아니에요. 요즘은 자기 외모에 만족하지 못하고 고민하는 아이들이 많아요. 왜 이런 고민을 하게 되는 걸까요?"

거울에 반사된 구름이 물었어.

아들러가 대답했어.

"고민이 생기는 건 우리가 우주 공간에서 홀로 사는 존재가 아니기 때문이야. 바꿔 말하면 모든 고민은 인간관계에서 비롯된다고 할 수 있지. 그런 의미에서 개인에 국한되는 고민, 이를테면 내면의 고민 따위는 존재하지 않아. 어떤 종류의 고민이든 거기에는 반드시 다른 사람의 그림자가 드리워져 있거든. 뚱뚱하다는 것도 인간관계를 통해 만들어 낸 주관적인 감정이야. 비교해야 할 누군가가 없다면, 다시 말해서 자기보다 날씬한 누군가가 없다면 뚱뚱하다는 개념은 성립될 수 없으니까."

거울에 반사된 구름은 깜짝 놀랐어. 모든 고민에는 반드시 다른 사람의 그림자가 드리워져 있다니! 그건 진짜, 진짜 한 번도 생각해 보지 못한 거였어.

# 행복을 심는 아이

아들러는 연구실 구석에 있는 작은 화분을 가리켰어. 그러곤 이렇게 말했어.

"분갈이해 줄 때가 되었나 보군. 뿌리가 화분 밖으로 삐져나왔어. 밖으로 옮겨도 좋을 거야. 더 높이 자라려면 지붕이 없는 편이 나으니까. 식물의 뿌리와 줄기는 이렇게 양분을 찾아 아래로 뻗고 위로 솟구쳐 오른단다. 우리도 그래. 누구니 지금보나 더 나은 존재가 되려는 욕구를 지니지. 나는 이런 욕구를 우월성 추구라고 부른단다."

### Day28. 우월성 추구에 대하여

"할아버지, 그러면 제가 응원하는 아이의 엄마는요? 그 애의 엄마는 예쁘고 날씬한데 더 예쁘고 날씬해지고 싶어 해요. 내가 보기에는 더 예뻐지거나 더 날씬해질 수 없는데도요. 그건 왜 그래요?"

냉장고 속 구름이 물었어.

아들러가 대답했어.

"그건 아마 자신이 생각하는 가장 예쁘고 가장 날씬한 상태에 도달하지 않았기 때문일 거야."

"진짜요?"

"인간은 혼자 힘으로는 아무것도 할 수 없는 상태로 태어나. 그래서 모든 사람의 마음속에는 무기력한 상태에서 벗어나려는 보편적인 욕구가 있지. 그걸 우린 '우월성 추구', '더 나아지려는 마음'이라고 불러. 우월성 추구는 열등감에서 벗어나 자기가 생각하는 가장 이상적인 상태를 향해 나아가려는 마음이기도 해. 그래서 열등감처럼 그 자체로는 병이 아니야. 둘 다 건강하고 정상적인 노력과 성장을 위한 자극이니까. 게다가 인간은 누구나 열등감을 없애고 한 발이라도 더 앞으로 나아가 행복해지고 싶어 하거든. 따라서 우월성 추구도 잘못된 방향으로 발전하지만 않는다면 크게 문제 될 건 없어."

아들러의 말에 냉장고 속 구름은 마음이 조금 놓였어. 하지만 그게 다는 아니었어. 우월성 추구가 다른 방향으로 나아가면 문제가 커진다는 뜻일 테니까.

### Day29. 주목받고 싶은 욕구에 대하여

"할아버지, 내가 응원하는 아이는 밤마다 무섭다고 울어요. 아무리 달래도 습관처럼 울죠. 왜 그럴까요?"

토끼 귀 모양의 구름이 물었어.

아들러도 물었어.

"언제부터 그랬는지 기억나니?"

"아마 작년 천둥 치는 밤이었을 거예요. 어제처럼요. 하지만 곧 괜찮아졌어요. 왜냐하면 아이의 엄마가 울음소리를 듣고 곧바로 달려와 주었거든요."

구름의 대답에 아들러가 말했어.

"우월성 추구에는 주목받고 싶은 욕구와 함께 무시당하지 않으려는 욕구도 포함되어 있어. 이 욕구 뒤에 숨은 감정은 주목받지 못하고 무시당할지도 모른다는 두려움이지. 어쩌면 네가 응원하는 아이는 우는 행위를 통해 이 욕구를 충족시키고 있는지도 몰라."

"그러면 그 아이는 매일 밤 계속해서 울겠네요! 어쩌죠?"

토끼 귀 모양의 구름은 걱정이 한가득이었어.

그런 구름을 보고 아들러가 말을 이었지.

"그렇지 않아. 엄마가 자기를 얼마나 사랑하는지, 걱정하지 않는 동안에도 자신의 건강과 행복을 얼마나 지지하는지 아이가 안다면, 그때에는 아이도 주목받고 싶은 욕구에서 해방될 수 있어."

### Day30. 우월 콤플렉스에 대하여

"내가 응원하는 아이의 할아버지는 맨날 왕년에는 내가 어땠는데, 하며 자기 자랑만 하세요. 너무 많이 들어서 귀에 딱지가 앉을 정도로요. 이유가 뭘까요?"

문 앞의 구름이 물었어.

아들러가 대답했어.

"우월 콤플렉스 때문이란다."

"우월 콤플렉스요?"

"맞아, 우월 콤플렉스. 열등감 때문에 괴로운데 노력하기는 싫고, 성장할 용기도 없을 때 인간은 가끔 '거짓 우월성'에 빠지거든. 그런 걸 두고 우린 우월 콤플렉스라고 말한단다. 유명한 누군가와 친하다고 자랑하거나, 비싼 옷이나 자동차 같은 것으로 자신을 과시하는 것도 여기 속해. 그런 사람은 '나'와 힘 있어 보이는 것들을 연결해서 '내'가 우월한 듯 꾸미길 좋아해. 네가 응원하는 아이의 할아버지도 비슷해. 과거의 영광에 매달려 추억담을 늘어놓으며 '우월 콤플렉스'라는 값싼 보상에 기대는 것이지. 우리는 곧잘 잊지만, 정말로 자신 있는 사람은 자랑하지 않아."

듣고 보니 그랬어. 자기가 응원하는 아이의 할아버지는 사랑을 늘어놓을 때도 어딘지 모르게 눈이 공허해 보였거든.

### Day31. 회피에 대하여

"할아버지, 제가 응원하는 아이의 집은 항상 조용해요. 부모님이 서로 말을 안 하세요. 아이가 학교에서 있었던 일을 이야기하려고 해도 들어가서 숙제부터 하라고 하시죠. 그러곤 각자의 방으로 들어가세요. 이 집은 왜 항상 이렇게 조용할까요?"

빗소리를 좋아하는 구름이 물었어.

아들러가 대답했어.

"우린 우월 콤플렉스에 관해 이야기를 나누었지?"

"네."

"우월 콤플렉스가 여러 가지 형태의 행동으로 이어진다는 것도 이야기했고."

"네. 그런데 그게 내가 응원하는 아이의 집과 무슨 관련이 있죠?"

"다시 말하지만, 우월성의 추구란 지금보다 더 나은 상태로 향한 마음을 뜻해. '더 나아져야 하는 지금'은 편안함과 안정감과는 거리가 먼 갈등 상태를 말하고, '더 나은 상태'란 갈등에서 벗어나 편안함과 안정감을 느낄 수 있는 상태를 말하지. 우린 이러한 바람에 따라 목표를 세워. 그런데 곤란한 상황 속 불안감이 커지면 사람들은 위험을 극복할 힘이 자기 안에 있다는 사실을 잊어. 그러곤 보는 것을 회피하려고 노력해. 그럴 때는 모든 위험을 피하는 것만이 즉각적인 목표가 되거든. 대화가 없는 것도 여기에 해당해. 대화를 피해 모두가 대피소를 찾아 들어간 거니까. 그러곤 대화로 갈등을 풀 수 있다는 믿음이 그렇지 못할 거라는 의심을 물리칠 수 있을 때까지 그 대피소 안에 머물러. 당장은 거기가 더 안전하다고 느끼기 때문이야. 하지만 이런 반응이, 절대로 바뀌지 않는 최종적인 결론은 아니란다. 삶에서 일어나는 모든 인간의 반응은 부분적인 것이라 일시적으로만 유효하거든."

### Day32. 목표에 대하여

"할아버지, 제가 응원하는 아이는 집이 가난해요. 그런데 주변에는 잘사는 친구들이 많아요. 그래서 상처받는 일이 종종 있어요. 예를 들어 친구들의 SNS(소셜 네트워크 서비스)에 올라온 게시물을 보는 동안에도 아이는 꾸준히 상처받아요. 그런데도 그걸 계속 봐요. 왜 그럴까요?"

자기만의 의자를 갖고 싶어 하는 구름이 물었어.

아들러가 대답했어.

"요즘은 많은 사람이 SNS를 사용해. 그중에는 상업적 용도로 사용하는 사람도 있고 개인적인 용도로 사용하는 사람도 있어. 좋은 목적을 가진 사람도 있지만 그렇지 못한 사람도 있고 말이야. 온라인상의 각종 플랫폼에 근사한 사진을 올려서 자신이 가진 부나 지식, 아름다운 외모 등을 과시하는 사람들도 있지. 이들은 거의 다 우월 콤플렉스에 시달리는 사람들이야. 그들의 내면에는 노력을 해서라도 숨겨야만 하는 열등감이 있거든. 그런 방식으로는 아무도 열등감에서 벗어날 수 없는데도, 우월만을 추구하며 인생의 정말 중요한 문제를 돌아보지 않아."

"그럼 어떻게 하죠?"

"새로운 목표를 세워야지. 습관적 생각이나 태도를 변하게 할 새로운 목표! 타인의 시선에 자신을 내맡기지 않을 그런 목표!"

자기만의 의자를 갖고 싶어 하는 구름은 그런 목표가 무얼까 생각해 보았어. 그러곤 그 해답이 혹시 남과 자신을 비교하지 않는 건 아닐까 했어.

### Day33. 자기 자신을 사랑한다는 것에 대하여

"할아버지, 대부분은 아무 생각 없이 SNS를 해요. 거의 모든 사람이 하니까요. 아닌가요?"

꿰뚫어 보는 눈의 구름이 물었어.

아들러가 대답했어.

"맞아. 그래서 우린 행동하기 전에 자기 마음과 생각을 살펴볼 줄 알아야 해. 인생에서 맞닥뜨리게 되는 여러 문제 중 관계에서 생기는 문제도 그래. 상대의 행동이 아닌 그 행동을 낳게 한 생각과 마음에 초점을 둔다

면 이해하기 쉽고 상처받을 일도 적어지지."

"나의 행복과 다른 사람의 행복이 서로 떨어져 있지 않다는 말씀이세요?"

"그걸 어떻게 알았지? 네 말처럼 나의 행복과 다른 사람의 행복은 서로 연관되어 있어. 그래서 인간을 사회적 동물이라고 하는 거야. 환경에 영향을 받는 것도 인간이고 환경에 영향을 주는 것도 인간이거든. 예를 들면, 괴로움에만 빠진 사람은 마음이 옹졸해져서 주위를 돌아보지 못하고 이기적인 행동으로 주변에 안 좋은 영향을 미쳐. 하지만 자신을 이해하고 껴안은 사람은 주변을 돌보고 사랑할 힘을 얻지. 자기를 사랑하는 사람만이 타인을 사랑할 수 있기 때문이야."

꿰뚫어 보는 눈의 구름은 오늘 밤 구름들이 여기 모인 건 각자 응원하는 아이가 사랑받고 사랑하며 행복해지길 원했기 때문이라고 생각했어. 그런데 그러려면 아이는 먼저 자기 자신을 사랑해야 했어.

### Day34. 허영심과 공명심에 대하여

"할아버지, 허풍을 떠는 것도 우월 콤플렉스 때문인가요?"

작은 것들을 사랑하는 구름이 물었어.

아들러가 대답했어.

"그렇다고 할 수 있어. 허영심은 인정받고 싶은 욕구에서 비롯된 다른 많은 감정 중 하나인데, 정도의 차이만 있을 뿐 누구에게나 있지. 왜냐하면 인간은 누구나 인정받고 싶어 하고, 거기서 안정을 얻고 싶어 하거든. 하지만 권력과 부를 통해 다른 사람보다 우월해지려는 욕구가 지나치게 표출되면 호의적인 인상을 주지 못해. 그래서 허영심은 때로 공정하고 명백한 마음, 즉 공명심이나 열성으로 나타나기도 해."

"그럼 공명심이나 열성도 나쁜 마음이에요?"

"어떻게 보면 그렇다고도 할 수 있어. 언뜻 공명심과 열성은 훌륭한 행동과 연관돼 보이지만 우리가 좋다고 여길 수 있는 건 보편적 가치를 지닌 일에 한하니까. 나머지는 허영심을 숨기는 포장에 지나지 않아."

"하지만 공명심에서 우러난 좋은 일을 한 사람도 있잖아요. 큰 업적을 남긴 사람들이요. 그들은 전부 열성적으로 자기 일과 삶에 충실했다고 배웠어요."

"물론이야. 하지만 위인의 업적을 가치 있게 만들어 주는 건 전체와의 연대, 그것을 촉진하려는 인간의 의지란다. 모든 위대한 업적은 오직 연대 아래에서만 이루어질 수 있거든. 따라서 공동체에 어느 정도라도 도움이 되지 않는 한, 천재적 과업은 불가능하고 어떤 성과도 가치 있다고 말할 수 없어."

겉으로 보이는 게 다가 아니라니, 작은 것들을 사랑하는 구름은 세상이 참 복잡하다고 생각했어.

### Day35. 시기심에 대하여

"할아버지, 내가 응원하는
아이는 친구가 별로 없어요.
얼굴도 예쁘고 공부도 잘하고 뭐 하나
부족한 게 없는데도요. 성격도 굉장히 밝아서 저는 그
애를 보면 기분이 좋아져요. 그런데도 그 아이는 왜 친
구가 별로 없을까요?"

 햇볕 아래 혼자 앉은 구름이 물었어.

아들러가 대답했어.

"우린 곧잘 남과 자신을 비교해. 그리고 상처받아. 아무리 노력해도 원하는 모습과 가까워지지 않는 자신으로 인해 열등감은 커져만 가고, 반대로 나보다 월등해 보이는 사람을 향한 시기심과 증오심은 커져만 가지. 이런 상태에서는 서로 가까워질 수 없어."

"다른 아이들이 내가 응원하는 아이를 시기한다는 말씀이세요?"

"그럴지도 몰라. 왜냐하면 굴곡 없이 평탄한 삶을 사는 사람은 거의 없고, 인생 전반에 걸쳐 결핍 없이 사는 사람도 거의 없거든. 게다가 현재의 어려운 상황에서 빠져나갈 출구가 보이지 않는 사람은 이런 시기심에 훨씬 더 많이 노출될 수밖에 없어. 그런 의미에서 보면 시기심에서 완전히 자유로운 사람은 없는 셈이야. 시련 없는 삶이란 없으니까."

"해결 방법은요?"

"시기심의 싹을 시험하지 말아야지."

"네?"

"내가 가진 것이 다른 누구에게는 상처가 될 수 있다는 사실을 기억해야 해. 그리고 누군가를 시기하게 될 때는 그런 감정을 느끼게 한 지금의 상황을 인정해야 하지. 그리고 거기서 벗어나려 노력해야 해. 이러한 자신의 감정 또한 그것을 느끼게 만든 상대를 상처입힐 수 있으니까."

부족함이 없다는 건 분명 행운이었어. 하지만 다른 사람에게 상처가 될 수 있었어. 진정한 친구를 얻는다는 건 그런 면에서 굉장한 선물이었어.

## Day36. 인색함에 대하여

"할아버지, 제가 응원하는 아이의 아빠는 굉장한 구두쇠예요. 그래서 가족 모두가 힘들어해요. 아이의 엄마는 아빠가 그러는 게 가난한 어린 시절의 기억 때문이며 이해해야 한대요. 하지만 아이와 엄마 모두 아빠의 변화를 기다려요."

선물하길 좋아하는 구름이 말했어.

"아이의 아빠가 가족의 기대대로 바뀔 날이 올까요?"

아들러가 대답했어.

"때로는 절약보다 더 중요한 게 있다는 사실을 깨닫게 된다면 가능하지 않을까?"

"그게 뭔데요?"

"주는 것! 인색함은 시기심과 상당히 비슷한 얼굴을 하고 있단다. 우리가 지금 이야기하는 인색함이란 자린고비처럼 돈을 모으는 행위에만 국한되지 않아. 인색함이란 본질적으로 다른 사람에게 기쁨을 주지 않으려는 행동으로 표출되거든. 이런 마음 상태의 사람은 사회 전체나 개인에게 도움이 되는 일에 무관심해."

"그럼 어떻게 해야 해요?"

"다른 사람의 기쁨이 나의 기쁨이 될 수 있다는 걸 알아야겠지, 기쁨은 나누면 나눌수록 커진다는 사실도."

아들러의 말은 선물하길 좋아하는 구름을 한 뼘 성장시켰어. 기쁨이 나눌수록 커진다니, 생각만으로도 가슴 뛰는 일이었지.

## Day37. 증오심에 대하여

"할아버지, 제가 응원하는 아이는 좋은 댓글 쓰기 모임에 가입해서 활동하고 있어요. 잘 알지도 못하면서 무턱대고 비난부터 하는 댓글을 보고 상처받은 적이 있거든요. 저는 이런 선택을 한 아이가 자랑스러워요. 다른 사람도 그럴 수 있다면 좋겠고요. 그래서 말인데요, 할아버지. 우리가 비난을 멈출 날이 올까요?"

꽃다발을 든 구름이 물었어.

아들러가 대답했어.

"우리가 어떻게든 타인과 관계해 살아가고 있다는 사실을 한순간도 잊지 않는다면 그런 날이 올지도 몰라. 매우 어렵겠지만. 그래도 네가 응원하는 아이처럼 비난을 멈추기로 하는 사람들이 많아진다면 그런 날은 더 빨리 올 수 있을 거야. 증오심에서 비롯된 비판적 태도나 혐오주의는 행복한 삶과는 거리가 머니까. 포장된 형태의 증오심인 부주의도 그래."

"부주의요?"

"그래, 부주의. 아무 생각 없이 퍼붓는 비난의 말에는 부주의함이 들어 있어. 반면 지구상의 모든 생명체가 운명을 같이하는 공동체임을 안다면, 우린 자기 자신의 생각이나 말, 태도, 행동에 주의를 기울이게 돼."

꽃다발을 든 구름은 자기가 응원하는 아이가 고마웠어. 자기가 한 응원에 행동으로 힘을 실어 주었으니까.

## Day38. 소심함에 대하여

"제가 응원하는 아이는 변명이 많아요. 머리가 아프다며 숙제를 뒤로 미루고, 양치질을 할 시간에는 숙제가 있다고 하죠. 그래도 저는 그 애를 응원하지만, 어떤 때는 머리에 콩 하고 알밤을 한 대 먹여 주고 싶어져요. 어떻게 하죠?"

그네 뒤의 구름이 물었어.

아들러가 대답했어.

"아이가 거리의 문제를 좁힐 수 있을 때까지 기다려 주면 어떨까 해."

"거리의 문제요?"

"응, 거리의 문제. 내가 보기에 네가 응원하는 아이는 소심한 성격 같거든. 소심한 사람은 자기 앞에 놓인 과제를 매우 어렵게 느끼고 그것을 해낼 자신이 없다고 생각해. 그래서 동작이 느리고, 해야 할 일을 하지 않는 책임에서 벗어나기 위해 변명거리를 미리 준비해 둬. 개인심리학은 이렇게 소심함에서 오는 문제를 '거리의 문제'라고 불러. 소심한 성격적 특성을 갖거나 소심해지는 마음 상태일 때, 인간은 이렇게 자신과 자신이 앞으로 풀어야 할 과제 사이에 커다란 거리를 벌려 놔. 그렇지만 세상 모든 일이 다 그렇듯 이 거리에 두 밝은 면과 어두운 면은 공존해. 왜냐하면 아이는 소심함이라는 심리적 우회를 통해 안정감을 얻을 수 있고, 게으름, 나태, 비행과 같은 삶의 어두운 측면과 쉽게 이어질 수도 있으니까."

"그래서요?"

"밝은 면과 어두운 면 중 아이가 밝은 쪽에 서서 올바른 방향으로 나아갈 수 있을 때까지 기다려야지. 잘 지켜보면서."

맞는 말이었어. 그네를 뒤에서 밀어줄 때도 밀어야 할 때가 있고 기다려야 할 때가 있었어.

## Day39. 물러서기에 대하여

"팔짱을 끼고 한 걸음 떨어진 곳에서 지켜만 보는 사람은요? 그런 사람도 응원할 때를 기다리는 중인가요?"

누군가 자신의 손을 잡아 주기를 기다리는 구름이 물었어.

아들러가 대답했어.

"오, 그건 달라. 왜냐하면 그러한 '물러서기'는 비공격적인 성격 특성의 사람에게서 많이 보이는데, 그런 사람은 누군가가 말을 걸어도 쳐다보지 않아. 물론 귀담아듣지도 않지. 이런 사람은 대부분 공명심과 허영심이 많아. 뒤로 물러나면서 자기는 다른 사람과 다르다는 특별함과 우월함을 표현하는 거니까. 이런 태도는 겉으로 볼 때는 악의가 전혀 없어 보이지만, 그 안에는 분명 호전적인 적대감이 존재해. 응원과는 거리가 아주 멀다고나 할까? 그런 사람은 한 개인의 운명과 전체 세계가 연결되어 있다는 사실을 까맣게 잊고 배타적 정서를 자극해 대립 관계를 형성해. 전부 개인과 사회, 문화의 발전에 도움이 되지 않는 것들이지"

누군가 자신의 손을 잡아 주기를 기다리는 구름은 강에 빠진 사람을 보면 달려가 구해 줘야지 가만히 지켜보기만 하면 안 된다는 사실을 알고 있었어. 이름만 다를 뿐 세상의 모든 구름이 존재하는 이유였지.

## Day40. 불안에 대하여

"할아버지, 내가 응원하는 아이는 손톱을 물어뜯는 버릇이 있어요. 가끔은 머리카락을 씹어 먹기도 해요. 원인이 뭘까요?"

따뜻한 이불 속 구름이 물었어.

아들러가 대답했어.

"불안해서가 아닐까? 불안은 한 사람의 인생 전반에 걸쳐 오랜 세월 함께하는 극히 일반적인 현상 중 하나란다. 하지만 삶을 비참하게 하고 인간관계를 어렵게 만들어 평화로운 일상과 생산적인 활동을 방해하지. 게다가 외부 세계는 물론 자기 내면세계에 관해서도 공포를 느끼게 만들어. 하지만 불안이란 감정은 보살펴 주는 누군가가 자기 옆에 있어야만 한다는 욕구 외에는 다른 무엇도 아니란다."

"그렇게 간단한 거였어요? 그렇다면 불안을 극복하는 방법도 간단하겠네요! 그렇죠, 할아버지?"

"물론! 비록 실행은 어렵지만, 답은 하나이고 어렵지 않아. 그것은 바로 우리는 모두 연결된 존재임을 인지하는 것이니까."

밋진 내답이었어. 누구도 고립된 존재가 아님을 안다면 혼자일 때에도 불안에 떨지 않을 테니까. 그렇지 않겠어?

# Day41. 마음에 대하여

"할아버지, 저는 제가 누구인지 궁금해서 여기에 왔어요. 사실 전 지구에 온 지 오래되지 않은 어린 구름이거든요. 그래서 며칠 전 제가 응원하는 아이가 저에 관해 물었는데 잘 대답해 주지 못했어요. 저는 누구이며 제가 하는 일은 어떤 의미를 갖나요?"

옹달샘에서 방금 솟아난 구름이 물었어.

아들러가 대답했어.

"우리가 마음이라고 부르는 너희 구름은 많은 일을 해. 첫째, 인간의 몸을 지배해. 인간의 몸은 마음에 영향을 미치고, 둘은 하나가 되어 서로에게 협력한단다. 너희가 존재하려면 살아 움직이는 몸이 필요한 이유야. 둘째, 인간의 잠재력을 끌어내는 원동력이 돼. 마지막으로는 인생의 여러 난관을 헤쳐 가도록 돕지. 몸이라는 안정된 도구이자 움직이는 도구와 힘을 합쳐서 환경을 다스리고 몸을 보호하는 거야. 그런데 간혹 어떤 사람들은 감정과 너희를 혼동하곤 해."

"감정과 우리를요? 우리가 어떻게 다른데요?"

"너희와 달리 감정은 인간의 육체를 통제하더라도 육체에 크게 의존하지 않아. 오히려 일관된 인생 방식에 의존하고 태도를 만들어 내. 그래서 한 사람이 느끼는 불안, 용기, 쾌활함, 슬픔 등의 감정은 종종 그것을 느끼는 사람의 인생관과 일치한단다."

### Day42. 움직임에 대하여

"할아버지, 그러면 식물한테는 우리가 필요하지 않겠네요. 움직이지 않으니까요."

산책을 좋아하는 구름이 물었어.

구름의 질문에 아들러는 입술을 앞으로 뾰족하게 내밀고 잠시 생각에 잠겼어.

"내가 연구한 바에 의하면 식물은 마음이 필요하지 않아. 네 말대로 움직일 수 없으니까. 왜 그럴까? 우린

그 대답을 마음의 기능에서 찾아볼 수 있어. 마음의 주된 기능은 운동의 방향을 예측하고 결정하는 일인데, 여기서 말하는 운동은 단순히 그냥 움직이기만 하는 게 아니라 여러 노력을 기울여야 할 목표가 있는 그런 운동을 뜻하거든. 예를 들어 비가 오기 시작하면 우산을 꺼내게 만드는 것. 너희는 그런 기능을 해. 그래서 몸의 모든 운동 속에는 마음, 즉 너희들의 목적이 새겨져 있어. 그런데 만약 식물에게 너희가 필요해서 함께 협력한다면, 식물은 낯선 사람이 다가올 때 '누군가 다가오고 있다. 그가 곧 나를 밟아 버릴 거다. 그러면 나는 죽겠지.'라는 결과를 예측하게 될 거야. 그러면 어떨까? 뿌리내린 곳에서 도망치지 못하는 식물에는 이로울 게 전혀 없을 거야."

산책을 좋아하는 구름은 아들러의 말이 이해되었어. 이제껏 물푸레나무나 살구꽃을 응원한다는 구름을 만난 적은 없었거든.

# Day43. 지금에 대하여

"할아버지, 제가 응원하는 아이는 생각이 많아요. 나이에 비해 어른스럽다고 할까요? 그런데 그 아이에게도 오늘의 수업은 어려울 것 같아요. 그래서 말인데요, 이런 건 어른이 되어서 배워야 할 내용이 아닌가요?"

우주를 닮은 구름이 물었어.

아들러가 대답했지.

"인간은 사회적 존재야. 그런 인간이 개인적인 어려움을 극복하지 못한 채 어른이 되어 일하고 결혼해 아이를 낳았을 때, 극복하지 못한 개인의 문제는 자녀는 물론 주변에 큰 영향을 미치게 돼. 그야말로 악순환의 연속이지. 이 불필요한 순환을 끊으려면 자신의 문제를 깨닫고 이해해 개선하는 노력이 필요해. 그런데 나이가 많이 들어서는 자신을 바꾸기가 힘들단다. 그래서 어릴 때 이런 공부가 필요한 거야. 다소 어렵더라도, 지금 다 이해하지 못하더라도."

생각해 보니 그랬어. 지금 해결하지 못한 문제가 내일로 이어지면 상황은 더 나빠지기만 할 뿐이었어. 내일은 내일 풀어야 할 숙제가 따로 있을 테니까 오늘 풀지 못한 숙제를 내일까지 가져가면 안 되는 거였어.

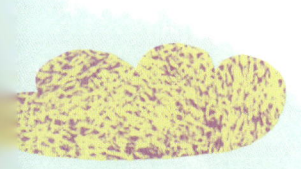
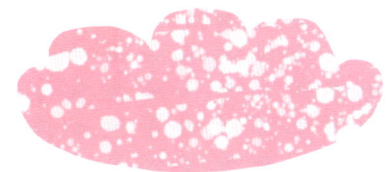

# 호주머니 속에 든 행복

아들러는 목마른 구름이 마시다 만 유리잔을 가리켰어.
유리잔 안에는 절반의 물이 들어 있었지.
아들러가 말했어.

"우리 주변에는 세상에 나오기를 기다리는 수많은 생각이 존재해. 잔에 든 물을 보고 할 수 있는 생각도 하나가 아니지. 누군가는 절반이나 남았다고 좋아할 수도 있고, 누군가는 반밖에 남지 않았다고 낙담할 수도 있으니까. 이렇게 세상 모든 일은 어떤 눈으로 보고, 어떤 목표를 세우고, 어떤 선택을 하는가에 따라 달라져."

## Day44. 분홍 렌즈와 파랑 렌즈에 대하여

"할아버지, 제가 응원하는 아이는 늘 불평불만이 많아요. 자기가 잘못해서 혼나고도 투덜대죠. 매사에 부정적인 건 물론이고요. 아이가 불평을 멈출 수 있을까요?"

갈림길에 이른 구름이 물었어.

구름의 질문에 아들러는 이렇게 대답했어.

"자극과 반응 사이에는 '인지'라는 주관이 있어. 그리고 우린 그걸 분홍색 렌즈와 파란색 렌즈로 바꾸어 말하기도 해. 설명하자면 분홍색 렌즈를 통해 보면 세계는 분홍색이고, 파란색 렌즈를 통해 보면 세계는 파란색이 되는 것이지. 꾸중을 들었을 때도 그래. 그 자극을 어떻게 '인지'하고 의미 부여하는지는 이 렌즈의 색에 따라 달라져. 긍정적인 렌즈를 통해 보는 사람은 분노 대신 잘못을 깨닫게 해 준 점에 고맙다고 생각할 테고, 부정적인 렌즈를 통해 보는 사람은 그 반대의 감정을 선택할 테니까. 꾸중이라는 자극에 어떤 반응을 보일지는 이렇게 각자 그때그때 선택한 렌즈에 따라 달라져."

아들러의 말에 갈림길에 이른 구름은 자기가 응원하는 아이에게 긍정적인 렌즈를 선물해야겠다고 생각했어. 처음에는 마음에 안 든다고 또 투덜대겠지만, 몇 번 쓰다 보면 익숙해질 테니까. 뭐든 습관을 들이는 건 정말 중요해. 그렇지 않아?

### Day45. 이용의 심리학에 대하여

"화가 많은 아이는요? 제가 응원하는 아이는 툭하면 화를 내요. 그래서 고운 얼굴이 험상궂게 되고 말았어요."

구르는 조약돌 아래의 구름이 물었어.

"저런! 아이가 화내는 버릇을 사용하나 보네!"

아들러가 대답했어.

"화내는 버릇을 사용한다고요?"

"그래, 정말 화가 나서 화내는 게

아니라 다른 목적이 있어서 화내는 거야. 상대를 꾸짖어서 원하는 걸 얻으려고 화내는 것이지. 즉, 감정이 사람을 움직이는 게 아니라, 사람이 목적을 위해 감정을 이용하는 것이야. 이걸 우린 '이용의 심리학'이라고 부른단다. 정작 본인은 이 사실을 의식하지 못하겠지만."

"영리한 아이네요."

"어쩌면 그럴지도. 하지만 아이가 모르는 게 하나 있어."

"그게 뭐죠?"

"계속된 화는 결과적으로 다른 사람을 멀어지게 한다는 것이지."

"그건 안 돼요. 아이가 원하는 것도 외톨이가 되는 건 아닐 거예요."

"맞아. 그래서 우선은 화내지 않겠다는 결심을 해야만 해. 나도 어릴 때 '화내지 않겠다.'라고 결심했는데, 신기하게도 그 이후 정말 화내지 않게 되었거든. 그럼 내가 '화내는 사람'에서 '화내지 않는 사람'으로 다시 태어난 걸까? 아니야. 늘 사용하던 화라는 감정을 거의 사용하지 않도록 감정의 사용법을 바꾼 것뿐이지. 성격도 그래. 사람들은 흔히 성격은 바꿀 수 없다고 생각하지만, 그렇지 않아. 성격을 바꾼다는 건 내가 가진 성격의 '사용법'을 바꾸는 것이거든."

이용의 심리학은 처음 듣는 말이었어. 하지만 설명을 듣고 보니 낯설지만은 않았어. 우린 다양한 상황에서 원하는 걸 얻기 위해 웃기도 하고, 화내기도 하고, 울기도 해.

## Day46. 다양성에 대하여

곧이어 새로운 질문이 나왔어.

"할아버지, 제가 응원하는 아이도 전에 안 하던 행동을 해요. 갑자기 외계인에 관심을 두더니 교신을 하겠다고 난리죠. 그 애의 부모님은 걱정이 크세요. 아이가 비현실적이라고 생각하시거든요. 저는 할아버지도 같은 생각인지 궁금해요."

은하수를 가슴에 품은 구름이 질문했어.

아들러가 말했지.

"글쎄, 난 생각이 조금 달라. 나는 외계인이 있다고 믿으니까. 이 광활한 우주에 생명체가 지구에만 있다면 너무 이상하잖아?"

"하지만 외계인과 교신을 하겠다니, 그건 제가 생각해도 현실적이지 않아요."

"현실과 비현실을 나누는 기준은 뭘까? 왼쪽과 오른쪽, 위와 아래를 나누는 기준은? 모든 대립 명제에서 우리가 잊지 말아야 할 한 가지는 그것들을 반대의 개념이 아닌 다양성의 개념으로 받아들여야 한다는 것이야. 모든 것은 이상적 허구를 향한 근사치에 각각 배열되어 있을 뿐 정반대를 의미하지 않거든. 선과 악, 정상과 비정상도 그래. 모두 대립하는 두 개의 모순이 아니라 하나의 변수일 뿐이야."

듣고 보니 그랬어. 강물이 바다와 만나는 지점을 두고 어떤 사람은 '강이 끝나는 지점'이라고 말하고, 또 다른 누군가는 '바다가 시작되는 지점'이라고 하니까.

### Day47. 인생의 주인공에 대하여

"할아버지, 제가 응원하는 아이는 얼마 전에 한 친구와 절교했어요. 그 친구한테 지우개도 빌려주고 떡볶이도 사 줬는데 친구는 자기한테 아무것도 안 해 줬다고요. 이 둘을 화해시킬 방법이 있을까요?"

섬과 섬 사이의 구름이 물었어.

아들러가 대답했어.

"서운한 마음은 알지만 그 아이가 다른 사람이 자기를 위해 존재하는 게 아니라는 사실을 조금 더 일찍 알았다면 좋았겠다는 생각이 들어. 내게 뭔가 해 주면 좋겠고, 나를 소중하게 생각해 주면 좋겠고, 내 의견을 들어주면 좋겠다는 '나'의 기대를 채우기 위해 다른 사람이 있는 게 아니거든. 인간은 누구나 자신을 특별하게 생각하고, 모두가 똑같이 자기 인생의 주인공이지만 나만이 세상의 중심에 있는 건 아니야."

아들러의 말에 섬과 섬 사이의 구름은, 인간은 혼자 살 수 없지만 때로는 혼자일 수밖에 없다고 생각했어.

### Day48. 주목할 것에 대하여

"제가 응원하는 아이는 자꾸 코를 파요. 그러다 코피도 자주 나요. 그 애의 엄마가 그럴 때마다 하지 말라고 야단치셔도 아무 소용이 없어요. 어떻게 하면 아이의 안 좋은 버릇을 고칠 수 있을까요?"

꽃향기를 좋아하는 구름이 물었어.

아들러가 대답했지.

"문제 행동에 지나치게 주목하면 사람은 오히려 그 행동을 되풀이하게 돼. 부모의 꾸중이 사실은 나쁜 습관을 만드는 최고의 훈련이 되는 거야. 아이들은 칭찬이라는 긍정적 주목을 얻지 못하면 꾸중이라는 부정적 주목을 받으려 하거든."

"그럼 어떻게 해야 해요?"

"모른 척해야지. 문제 행동을 멈추게 할 가장 좋은 방법은 그런 행동에 주목하지 않는 것이거든. 대신 바른 행동에 주목해 줘야 해."

"그럼, 아이가 코를 팔 때 모른 척하고 코를 파지 않았을 때 좋아해 주고요?"

"그렇단다."

꽃향기를 좋아하는 구름은 이 말을, 아이의 엄마를 응원하는 구름에게 꼭 들려주어야겠다고 생각했어. 아들러의 연구실에 함께 오지 못했지만, 아이의 안 좋은 버릇을 두고 같이 고민해 왔거든.

## Day49. 수용에 대하여

"할아버지, 제가 응원하는 아이가 어제 한 친구와 크게 다퉜어요. 둘은 평소에는 사이좋게 잘 지내지만, 의견이 일치하지 않을 때면 곧잘 다툼으로 이어지죠. 그러다가 어제는 몸싸움으로까지 번져서 두 아이의 부모님이 학교에 다녀오시기까지 했어요. 조금만 양보하면 될 텐데, 이 아이들을 어쩌면 좋을까요?"

큰 그릇이 되고 싶은 구름이 물었어.

아들러가 대답했어.

"네가 응원하는 아이에게 말해 주렴. 나와 다른 의견을 말하는 사람은 나를 비판하는 게 아니라고. 우린 서로 다른 게 마땅하고, 그렇기에 의미 있는 것이라고. 인간은 저마다 가치관이 다르단다. 그래서 의견도 다를 수밖에 없어. 그걸 인정하면 더는 기분 나쁠 일이 생기지 않지만 많은 사람이 그러지 못하지. 안타까운 일이야. 서로 다른 의견이 있기에 사고의 폭이 넓어지고, 넓어진 사고의 폭 덕분에 인간의 의식과 문명이 진화와 발전을 거듭할 수 있었는데 대부분 그걸 잘 모르니까."

큰 그릇이 되고 싶은 구름의 생각도 아들러와 같았어. 바위가 되기 위해 흙은 단단해져야 했지만, 흙이 되기 위해 바위는 부서져야 했어.

## Day50. 기억에 대하여

"할아버지, 저는 인간이 왜 똑같은 사건을 두고도 서로 다르게 기억하는지 궁금해요. 내가 응원하는 아이는 심지어 쌍둥이인데도 같은 경험에 대해 다르게 기억하고 있어요. 왜 그럴까요?"

시간을 수집하는 구름이 물었어.

아들러가 대답했어.

"개인의 기억은 심리적 요인에 뿌리가 있어. 어떤 심리 상태였나에 따라 기억이 다르게 저장되지. 그런 의미에서 우연한 기억이란 없단다. 일상에서 받는 무수한 인상 가운데 자신의 상황과 관계가 있다고 느끼는 것만을 선택해 기억하거든."

"기억이 선택되는 거라니 놀라워요. 그런데 왜 그런 선택을 하죠?"

"경고나 위로를 위해서지. 목표에 계속 집중하고 경험을 바탕으로 미래에 마주칠 자신을 준비하기 위해서."

"네?"

"예를 들면 이런 거야. 여기 두 아이가 불에 손을 데었어. 한 아이는 그 사건을 불을 만지면 다치니 조심하라는 경고의 의미로 기억하고, 다른 한 아이는 화상을 입어 흉터가 생긴 손을 보고 불행 중 다행이라는 의미로 기억해. 왜냐하면 그 아이는 바이올린 연주자가 꿈이었으니까. 부러져서 영영 못 쓰게 되지 않고 화상만 입었으니 감사하다고 생각하는 거야."

## Day51. 최초의 기억에 대하여

"할아버지, 최초의 기억은요? 그것도 선택된 건가요? 내가 응원하는 아이는 네 살 때 엄마와 길을 가다가 맡은 슈크림빵 냄새가 최초의 기억이래요. 이전의 기억은 없다고요."

회전목마 위의 구름이 물었어.

아들러가 대답했어.

"인생에서 중요하다고 여기는 가치와 의미는 주로 어린 시절에 형성돼. 특히 최초의 기억은 개인의 주된 관심사를 가장 잘 보여 주지. 그 기억을 통해 개인의 삶의 목표나 인생 방식도 유추할 수 있어. 그래서 나는 최초의 기억도 선택된 것이라고 여겨. 하지만 그렇다고 그 기억이 꼭 정확해야만 하는 건 아니야. 여기서 기억이 정확한지 아닌지는 별로 중요하지 않거든. 무엇보다 중요한 점은 그 기억이 의미하는 게 개인의 판단이라는 것이니까. 그래서 최초의 기억은 모든 기억 중에서 가장 계시적이라고 할 수 있어. 자기 발달의 출발점을 무엇으로 삼았는가를 한눈에 보여 주기 때문이야."

회전목마 위의 구름은 알 것 같았어. 자기가 응원하는 아이의 최초의 기억이 왜 슈크림빵 냄새였는지. 이건 비밀인데, 어쩌면 아이는 커서 제빵사가 될지도 몰라. 단란한 가정을 꾸릴 수도 있겠지.

## Day52. 트라우마에 대하여

"할아버지, 제가 응원하는 아이는 책을 벌레 보듯 해요. 어렸을 때 우연히 책을 펼쳤는데 거기서 바퀴벌레가 나와서 그렇대요. 아이가 다시 책을 읽을 날이 올까요?"
책장 위의 구름이 물었어.

아들러가 대답했어.

"많은 이들이 과거의 사건이 현재를 결정한다고 믿어. 하지만 아니야. 과거에 어떤 일이 있었든 현재를 결정하는 건 지금의 나이니까. 트라우마도 그래. 우연히 펼친 책에서 바퀴벌레가 나왔다고 모두가 두 번 다시 책을 안 보는 건 아니거든. 자기 자신을 결정하는 건 '경험' 자체가 아닌 '경험에 부여한 의미'이니까."

"아이가 책을 안 읽는 이유가 바퀴벌레 때문이 아니라는 말씀이세요?"

"그 일이 어느 정도 영향을 미치긴 하겠지. 하지만 중요한 건 그 일이 무언가를 결정하지는 않는다는 점이야. 인생은 누군가가 정해 주거나 과거의 일로 인해 결정되는 게 아니라 스스로 선택하는 것이거든."

그랬어. 분홍 렌즈와 파랑 렌즈처럼, 어떤 선택을 하는가에 따라 경험의 의미도 달라졌어. 기억의 의미도 그랬지. 어떤 관점으로 보느냐는 정말 중요한 것이었어.

### Day53. 목적을 바꾼다는 것에 대하여

"혹시 그 아이에게 다른 목적이 있는 건 아닐까요?"

옆에서 듣고 있던 번개 구름이 말했어.

아들러가 물었어.

"어떤 목적?"

"음, 책을 안 읽을 목적이요?"

번개 구름의 말에 모두는 와하하 웃음을 터트렸어. 그럴듯했거든.

아들러도 웃었어. 그러곤 이렇게 말했어.

"일리 있는 말이야. 단순히 책을 읽기 싫어서 바퀴벌레를 끄집어냈다면 그건 아이가 이용의 심리학을 잘 사용하고 있다는 증거일 테니까. 또한 책을 안 읽어서 걱정하는 부모의 관심을 얻기 위한 거라면 주목받고 싶은 심리를 이용하는 것이겠지. 아무 일도 없었다는 듯, 이전처럼 책을 읽는다면 아무도 주목해 주지 않는 '여럿 중 하나'가 된다는 것이니 그만큼 특별함과 거리가 멀어질 테니까."

"그럼 그 아이는 지금 행복하겠네요?"

"한동안 어느 정도는. 하지만 책을 읽으면 대접받지 못할 거라는 불안감은 사라지지 않을 거야. 그런 감정과 평생을 함께하긴 힘들어. 그만한 가치도 없고."

"그럼 어떻게 해요?"

"목적을 바꾸면 되지. 아주 간단해."

"아, 그러네요!"

번개 구름이 빠르게 대답했어. 이름처럼 이해가 참 빠른 구름이었어.

## Day54. 이타적 목표에 대하여

"할아버지, 그럴 때는 어떤 목적으로 바꾸면 되는데요? 저는 아까부터 그게 궁금했어요."

하얀 눈구름이 물었어.

아들러가 대답했어.

"그건 이제 너희도 쉽게 답을 유추할 수 있어."

아들러의 말에 구름과 구름은 서로를 바라봤어.

"인간은 모든 피조물 가운데 가장 약해. 지구상의 동물 중 부모의 도움과 보호가 필요한 시간이 가장 긴 것만 봐도 그래. 게다가 인간은 서로 협력하지 않으면 환경에 완전히 굴복할 수 있어. 그래서 우리에게는 개인의 욕구에 머물지 않는 이타적 목표가 필요해."

"이타적 목표요?"

"응, 자기 과시나 열등감의 해소, 혹은 인정 욕구가 아닌 나눔을 목표로 한다면 우리는 마음을 괴롭히는 습관적 생각이나 태도를 변화시킬 수 있어."

하얀 눈구름은 이타적 목표란 어떤 게 있을까 생각했어. 그리고 그런 목표는 어쩌면 배려심 안에 있을지도 모른다고 생각했지.

### Day55. 불행 자랑에 대하여

"할아버지, 제가 응원하는 아이의 엄마는 늘 불행한 얼굴을 하고 계세요. 신세 한탄도 많이 하시죠. 기쁨, 즐거움, 환희, 그런 단어도 그 아이의 엄마 곁에서는 빛을 잃어요. 과연 아이의 엄마가 웃는 날이 올까요?"

아침 이슬에 비친 구름이 물었어.

아들러가 대답했어.

"인생을 살며 누구나 상처를 받아. 그래서 한 번도 상처받지 않은 사람이란 있을 수 없어. 그런데도 적지 않은 사람이 상처를 무기 삼아 주변 사람의 관심과 사랑을 받으려고 해. 상처를

꼭 껴안은 채로 말이야. 그런 사람은 누군가 위로했을 때 '네가 뭘 알아!'라고 말하며 세상에서 가장 불행한 얼굴을 한단다. 그러면 상대는 괴로워하는 사람을 매우 조심스럽고 신중하게 대해 주지. 그런 걸 우린 '불행 자랑'이라고 해. 갓난아기는 연약한 존재라서 그 연약함으로 어른을 지배하지만 연약하기에 누구에게도 지배받지 않듯, 자신의 불행을 특별한 무기로 삼는 거야."

"그러면 내가 응원하는 아이의 엄마는 영원히 웃을 수 없나요?"

"오, 아니야, 그건 그렇게 단정 지을 수 없어. 다시 말하지만, 그것도 선택의 문제거든. 불행을 무기 삼은 손을 놓는다면 언제고 웃을 수 있어."

아들러의 말에 아침 이슬에 비친 구름은 기도했어. 아이의 엄마가 인생과 마주할 무기로 불행 대신 행복을 선택하길 바랐어.

# Day56. 태도에 대하여

"제가 응원하는 아이의 엄마와 아빠는 서로 매우 달라요. 예를 들어 아이가 실수로 유리컵을 깨고 밟아서 발가락을 다치면 한 분은 '저런, 우리 딸이 발을 다쳤네. 그래도 다행이야. 덕분에 깨진 유리를 밟으면 상처가 난다는 사실을 알았으니까.'라고 하시고, 다른 한 분은 '그러니까 내가 뭐라고 그랬니? 매사에 조심해야 한다고 하지 않았어? 조심성이 그렇게 없어서 앞으로 어떻게 살래? 정말 걱정이다.'라고 하시죠. 이것도 어떤 무기를 손에 잡는가에 따라 다른 건가요?"

빛과 그늘 사이의 구름이 물었어.

아들러가 대답했어.

"똑같지 않은 사람이 똑같지 않은 삶을 살 때, 우린 각자 다른 안정적 상태를 목표로 세우고 그에 따라 행동하고, 그에 맞게 표현하지. 그런 걸 두고 현재와 미래에 대한 궁극적인 적응이라고 하는 거야. 이와 관련된 정서 상태는 낙관주의적 태도와 비관주의적 태도, 둘로 나뉘어. 낙관주의적인 태도를 가질 때 우린 인생의 여러 문제를 쉽게 풀 수 있다고 믿고, 용기, 개방성, 신뢰성, 근면성과 같은 특질을 발달시키게 돼. 반대로 비관주의적인 경향을 띠면 삶의 여러 과제와 맞서 싸우는 것과는 상당히 먼 거리에서 살게 돼. 이때에는 더 나은 삶을 위해 세운 목표도 발달한 소심함과 수줍음, 내향성, 불신과 같은 특질로 도달하기 어렵게만 보이는 벽 너머의 것이 되고 말아."

"그럼 제가 응원하는 아이는 서로 다른 부모의 태도 속에서 계속 헷갈리며 살아야 하나요?"

"한동안은 그럴지도 몰라. 하지만 언젠가는 양쪽 부모의 의견 사이에서 자신의 지금과 미래가 보호받고 있다고 느껴지는 쪽으로 목표를 세우게 될 거야."

빛과 그늘 사이의 구름은 아들러의 말에 용기를 얻었어. 그러곤 아이의 창에 이전보다 많은 빛을 비춰야겠다고 생각했지. 같은 식물도 양지에 놓였을 때 더 예쁜 초록빛을 얻게 되잖아, 그렇지?

## Day57. 언어에 대하여

"할아버지, 저는 인간이 왜 언어를 사용하게 되었는지 궁금해요. 텔레파시로 대화하는 우리로서는 영 불편하게만 보이거든요."

시속 500광년의 구름이 물었어.

아들러가 대답했어.

"왜냐하면 인간은 텔레파시를 못 하니까. 그래서 인간은 동식물과 달리 언어라는 강력한 무기를 만들어 사용해 왔어. 그런 의미에서 언어란 인간을 다른 생명체와 구분 짓는 경이로운 도구란다. 하지만 이 언어도 어디까지나 자연적 관점이 아닌, 사회적 관점에서 볼 때만 정당성을 얻어."

"사회적 관점이요?"

"그래, 사회적 관점. 언어는 논리적 사고를 가능하게 해 준다는 점에서 인간 정신의 발달에 분명 상상 못 할 중요한 의미를 지니지만, 이 또한 사회라는 공동체 안에서만 정당성을 얻거든. 언어가 공동생활의 산물이자 공동체 안에서 살아가는 개개인을 연결해 주는 매개체이기 때문이야. 논리적 사고도 그래. 그것도 사회적 보편성을 얻었을 때만 타당성을 얻어. 인간은 이 보편성에 기초한 논리적 사고를 통해 가치를 창조해. 꽃을 보고 아름답다고 느끼는 것도 이 보편성에 기초한 아름다움에 대한 인식과 이해, 감정이 있어 가능한 거야."

시속 500광년의 구름은 타인을 이해하기 위해 언어를 만들어 사용한 인간의 노력이 어여쁘게 느껴졌어.

## Day58. 인상에 대하여

"할아버지 말씀대로 인간의 언어 사용은 경이로운 사건이에요. 하지만 말보다 인상이 더 크게 와닿을 때도 있어요. 말은 정말 예쁘게 잘하지만, 그 사람에게서 받은 인상이 좋지 않을 때 같은 거요. 이건 왜 그래요?"
해 질 녘 구름이 물었어.

아들러가 대답했어.

"소통은 의사 전달과 이해를 목적으로 하지만 언어만이 소통에 영향을 주지는 않아. 누군가를 이해한다는 것은 전체적인 맥락에서 그 사람을 본다는 걸 의미하거든. 본 이후에는 이 사람은 이렇고, 저 사람은 저렇다는 판단을 얻게 되지. 그게 바로 인상이야. 인간은 이렇게 바깥세상으로부터 다양한 인상을 받아들이는 능력을 타고나. 왜냐하면 자기가 처한 환경에 적응해야 하거든. 그리고 이렇게 외부세계에서 얻은 인상은 목표, 세계상 등 인간의 삶에 많은 영향을 미치게 되지. 상대에 대한 이해에도 마찬가지로 큰 영향을 줘."

"그러면 우리가 한 사람에게서 얻게 되는 인상은 반드시 옳은 건가요?"

"그렇지 않아. 왜냐하면 인상에서 받는 느낌도 주관적이거든. 그래서 우린 판단에 앞서 그 사람이 처한 상황을 반드시 고려해야만 해."

맞는 말이었어. 똥을 뒤집어쓴 사람은 누구에게도 좋은 인상을 줄 수 없었어. 아무리 좋은 사람이라도 그건 정말 어쩔 수 없었지.

## Day59. 인지에 대하여

 "할아버지, 저는 사람들이 꽃을 볼 때 왜 누군가는 나비를 떠올리고, 누군가는 꿀벌을 떠올리는지 궁금해요. 제가 응원하는 아이에게는 한 살 터울의 동생이 있는데 매일 꿀벌이야, 나비야, 하면서 싸우거든요."
 상수리나무 아래의 구름이 물었어.

아들러가 대답했어.

"외부 세계에서 받은 인상과 자극은 감각 기관을 통해 뇌에 전달되고, 그중 일부는 사라지지 않고 흔적으로 남아. 그리고 그 흔적 위에 표상의 세계와 기억의 세계가 형성돼. 마치 사진을 찍는 것처럼 말이야. 이어 이렇게 찍힌 영상은 인간의 인지 능력에 의해 서로 다른 방식으로 표출된단다. 각자 자신의 환경 속에서 이전에 다양한 이유로 형성된 자기만의 사고방식에 맞는 것만을 골라 인지하는 것이지. 그래서 이 인지 내용이 현실과 완전히 똑같은 경우는 거의 없어. 인간에게는 자기의 생활 방식에 맞게 외부 세계와 접촉한 내용을 변화시키고 재구성하는 능력이 있거든. 똑같은 그림을 보고도 모든 사람이 다 다르게 반응하듯, 인간의 개별성과 독창성은 이렇게 그가 무엇을 어떻게 인지하느냐

에 의해 구성돼. 네가 응원하는 아이와 그 아이의 동생이 꿀벌과 나비를 두고 싸우는 것처럼."

상수리나무 아래의 구름은 생각했어. 누군가는 상수리나무의 꽃을 보고 고양이 꼬리를 떠올리고, 또 누군가는 강아지풀을 떠올리는 이유가 그런 거구나 했어.

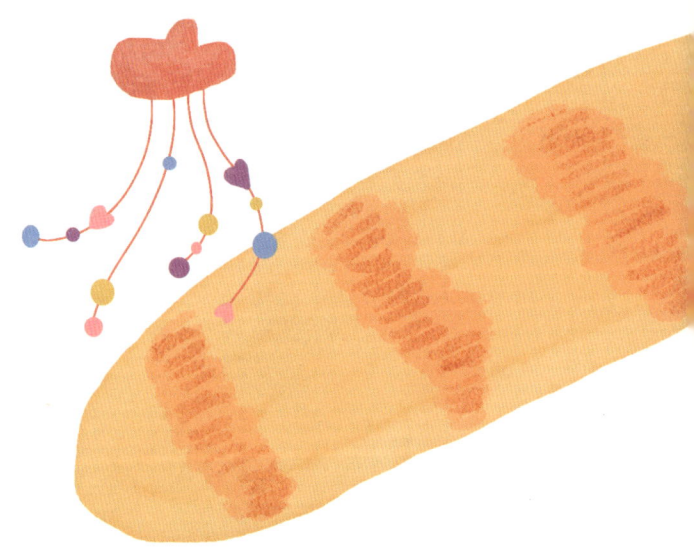

### Day60. 표상의 세계와 기억의 세계에 대하여

"할아버지, 제가 응원하는 아이는 표상의 세계와 기억의 세계가 뭔지 잘 모를 것 같아요. 말이 너무 어렵거든요. 조금 더 쉽게 접근할 방법이 있을까요?"

도와 레 사이의 구름이 물었어.

아들러가 대답했어.

"글쎄다. 어렵긴 해. 네 말대로 조금 더 쉬운 표현이 필요하겠어."

아들러는 잠시 생각에 잠겼다가 이렇게 말했어.

"표상이란 대상이 눈앞에 없어도 그 느낌과 그에 대한 앎을 구체적으로 그려 보는 걸 말해. 그러니까 이런 거야. 파도가 눈앞에 없는데도 넘실대는 파도를 생생히 떠올리고, 그것에 해변에 닿으려는 몸짓이라는 자신만의 해석을 넣는 것. 그래서 표상은 인간의 정신이 얼마나 창조적인지를 증명하는 증거이기도 해. 또한 그 자체로 단순 반응이 아닌 개인의 독특한 개성에 따라 다시 만들어진 예술작품이기도 하지."

"기억의 세계는요?"

"판단처럼 기억도 적응할 필요로 생겨나. 기억이 없다면 미래를 위해 무언가를 준비할 수 없게 되니까. 그래서 모든 회상은 그것 자체로 무의식적인 목적을 갖는다고 할 수 있어. 기억도 그래. 목적하는 바에 따라 적응하려는 인간의 활동 아래에 있지. 그래서 어떤 것은 잊고, 어떤 것은 기억하기도 하는 거야. 기억의 세계란 이렇게 필요에 따라 망각과 기억 사이를 오가며 만들어진 것을 뜻해."

### Day61. 주의력에 대하여

"할아버지, 제가 응원하는 아이는 주의력이 부족하다는 소리를 자주 들어요. 책상에 10분을 채 못 앉아 있거든요. 아이가 산만한 이유가 있을까요?"

오렌지색 달팽이가 되고 싶은 구름이 물었어.

아들러가 대답했어.

"주의력이 부족한 게 아니라 공부하기 싫어서가 아닐까? 사실 주의력 부족은 주의력이 요구되는 일을 애써 피하고 싶은 마음 이외에 다른 게 아니거든. 다른 의미에서 보자면 주의력이 없는 게 아니라 주의력을 요구하는 지금의 일에 큰 관심이 없는 것이지. 관심이 있으면 주의력은 저절로 따라오거든. 관심이 주의력보다 훨씬 더 깊은 정신의 단층에 있기 때문이야."

"주의력 부족이 아니라 공부에 관심이 없는 거네요."

"주의력결핍장애를 진단받은 게 아니라면."

"생각해 보니 그래요. 아이가 책상에 오래 앉아 있는 때가 있긴 해요."

"그게 언제이지?"

"만화를 그릴 때요. 그때에는 새벽까지 앉아 있어요."

정말 그랬어. 관심의 차이일 뿐, 누군가 책상에 오래 앉아 있지 못한다고 해도 공을 찰 때만큼은 그렇지 않다면 걱정할 일이 진짜 진짜 아니었어.

## Day62. 정신의 단층에 대하여

"관심이 주의력보다 훨씬 더 깊은 정신의 단층에 있다니, 새로운 사실을 알았어요. 할아버지, 그런데 저는 정신의 역할이 궁금해요. 정신의 단층에 어떤 게 있는지도요."

피라미드 안이 궁금한 구름이 물었어.

아들러가 대답했어.

"정신에는 의식의 영역과 무의식의 영역의 층이 있어. 주의력은 의식의 영역에 해당하고, 관심은 대부분 무의식의 영역에 해당하지. 의식의 영역은 매우 얇고 좁아. 반대로 무의식의 영역은 매우 깊고 방대해서 이 둘을 비교할 때 종종 빙산을 예로 들기도 해."

"둘 중 어느 게 더 중요해요?"

"그보다는 영향력이 핵심이야. 무의식은 정신기관의 한 능력이지만 동시에 정신생활을 움직이는 강력한 요인이거든. 한 사람의 행동 노선과 인생의 계획을 형성하는 힘은 대부분 무의식에서 나오니까. 하지만 인간의 정신은 이 둘을 다 다룰 줄 알아서 상황에 따라 필요한 것을 의식과 무의식의 영역 속으로 밀어 넣어."

아들러의 말에 피라미드 안이 궁금한 구름은 자기가 응원하는 아이의 무의식 속에는 무엇이 들었을지 궁금해졌어. 무의식이 인생에 미치는 영향이 생각보다 커 보였거든.

## Day63. 상대의 과제에 대하여

"할아버지, 제가 응원하는 아이는 얼마 전 친구가 자기를 험담하고 다닌다는 사실을 알았어요. 그 일로 아이는 지금까지도 마음이 안 좋아요. 아이의 마음을 풀어 줄 방법이 있을까요?"

장대 끝에 앉은 구름이 물었어.

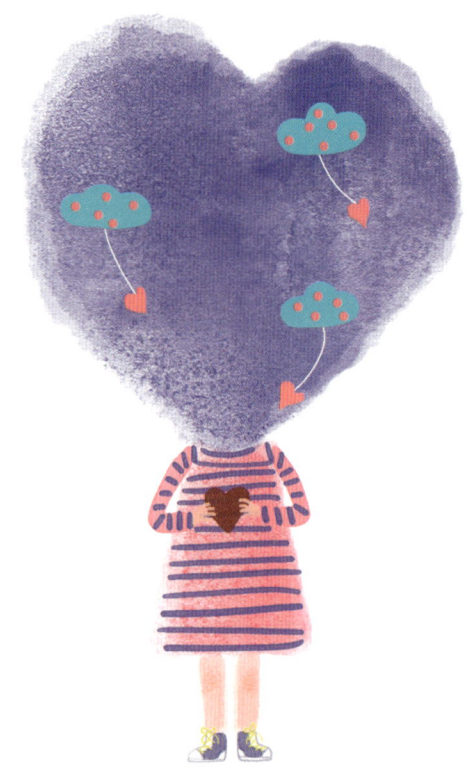

아들러가 대답했어.

"아이에게 말해 주렴. 누가 나를 싫어하거나 험담해도 신경 쓸 필요는 없다고 말이야. 왜냐하면 우린 다른 사람의 감정이나 행동을 통제할 수 없거든. 그런데도 누가 나를 험담해서 괴로운 건 바꿀 수 없는 그의 마음을 내가 바꾸려 들기 때문이야. '상대가 나를 어떻게 느끼는가'는 상대의 과제인데 말이지."

"상대의 과제요?"

"그래, 상대의 과제. 다른 사람의 마음을 내가 바꿀 수 없듯, 내 마음도 다른 누가 바꿀 수 없어. 그래서 우린 타인과 나의 과제를 나눠 생각할 줄 알아야 해. 상대의 과제에 끼어들지 말고, 자신의 과제에도 상대를 들여놓지 말아야 하지."

장대 끝에 앉은 구름은 창밖을 바라보았어. 나뭇가지 위에서는 작은 새 한 마리가 노래하고 그 아래로는 쇠똥구리 두 마리가 똥 뭉치를 굴리고 있었지.

# Day64. 위로에 대하여

"할아버지는 상대의 과제와 내 과제를 나눠서 생각하라고 말씀하셨어요. 만약 친구가 울면, 그때에도 가만히 있어야 하나요? 그 아이의 슬픔은 나의 것이 아니니까요?"

어깨동무한 두 팔 위의 구름이 물었어.

아들러가 대답했어.

"오, 그건 조금 다른 이야기야. 아까는 다른 사람의 평판에 끌려가지 말란 말이었으니까."

"그럼 그 친구의 슬픔에 함께 울어 줘도 되나요?"

"물론이야. 공감과 위로를 통해 친구가 슬픔에서 조금이라도 벗어날 수 있다면, 그건 정말 좋은 일이거든. 게다가 다른 사람을 기쁘게 하면 자신의 괴로움을 이겨낼 수도 있어."

어깨동무한 두 팔 위의 구름은 집에 돌아가면 자기가 응원하는 아이를 칭찬해 주어야겠다고 생각했어. 키우던 고양이가 무지개다리를 건넜다며 울던 친구와 함께 엉엉 울었으니까. 얼마나 울었는지 눈이 밤톨처럼 부풀고 열어 놓은 수도꼭지처럼 콧구멍에서 콧물이 줄줄 흘러나왔지. 아이는 비보 같이 따라 울었다고 후회했지만, 사실 그건 최고의 위로였어.

## Day65. 공감에 대하여

"내가 응원하는 아이는 공감 능력이 부족하다는 지적을 자주 받아요. 자기는 맞장구도 쳐 주고 조언도 해 주고 공감하기 위해 큰 노력을 했는데 그게 잘 통하지 않는다고 속상해하죠. 진정한 공감이란 어떤 걸까요?"
 뭐든 되고 싶은 털실 구름이 물었어.

아들러가 대답했어.

"진정한 공감은 용기를 북돋아 주는 거란다. 슬픈 일을 겪었거나 상처받았을 때, 혹은 자기 자신에게 실망한 때에 앞으로 한 걸음을 떼게 할 용기를 주는 것."

"그러려면 어떻게 하면 되는데요?"

"대단한 일은 아니야. 때로는 상대의 이야기를 가만히 들어주는 것만으로도 큰 힘이 되거든. 슬퍼하는 친구 곁에서 함께 울어 주는 것처럼 상대의 눈으로 보고, 상대의 귀로 듣고, 상대의 마음으로 느끼는 것이지. 그런데 많은 이들이 '나의 눈, 나의 귀, 나의 마음으로 느낀 것'을 상대에게 끼워 맞추며 공감하고 있다고 착각한단다. '안됐다, 힘들었지?' 하고 동정하면서. 자신의 관심에 집중해 그것을 상대의 상황에 끼워 맞추는 거야."

뭐든 되고 싶은 빌실 구름은 아들러의 말이 이해되었어. 진정한 공감은 귓가에 있다는 사실도 비로소 알게 되었지.

## Day66. 대화에 대하여

"저는 대화에도 기술이 있다고 생각해요. 대화를 잘하는 방법 같은 거요. 그래서 말인데요. 할아버지, 그런 게 있다면 말씀해 주실 수 있을까요? 내가 응원하는 아이에게 꼭 필요하거든요."

피아노 치는 손가락 사이의 구름이 물었어.

아들러가 대답했어.

"좋은 질문이야. 네 말대로 대화에도 기술이 필요해. 그러려면 대화란 무엇인지 먼저 알아야 하겠지? 대화란 나를 이해시키는 게 아니라 상대를 이해하려고 하는 것이야. 그런데도 가끔 이해받기에 치중하다 보면 상대를 바꾸려는 마음으로 변하고 말아. 설득과 대화는 다른데 말이지."

"아, 맞아요! 그런 거 같기도 해요! 상대를 바꾸려 들지 말고 우린 또 무엇을 해야 하지요?"

"겸손해야 하고, 충분한 감정 이입도 필요해."

"왜요?"

"감정 이입은 상대방을 이해하는 데 도움을 주니까. 겸손도 그래. 겸손한 사람은 상대보다 우월한 위치에 서서 판단하지 않아."

피아노 치는 손가락 사이의 구름은 아들러의 말을 수첩에 옮겨 적었어. 그러면서 대화와 설득이 다르다는 사실을 아이가 안다면 사람들 사이의 관계가 얼마나 풍요로워질지 생각했지.

## Day67. 성공에 대하여

"할아버지, 제가 응원하는 아이의 아빠는 늘 성공에 목말라 하세요. 제가 보기에는 성공한 인생인데 늘 부족하다고 느끼죠. 왜 그럴까요?"

춤추는 구름이 물었어.

아들러가 대답했어.

"많은 사람이 성공과 패배를 잘못 이해하고 있어. 다른 사람을 이기지 못하면 대부분 졌다고 생각하니까. 성공하더라도 다른 누군가 더 앞선 사람이 있으면 졌다고 생각하지. 진정한 성공이 만족에 있다는 사실을 모르기 때문이야. 그런데 성공에 관한 이러한 몰이해는 때로 게으름으로 나타나기도 한단다."

"게으름이요?"

"응. 게으름은 늘 패배를 두려워하는 야심 때문에 생겨나거든. 진짜 시험에 부딪쳐 본 적이 없는 사람은 진정한 패배감을 느끼지 못해. 문제를 회피하거나 다른 사람과의 경쟁을 미루지. '나는 하려고만 들면 못할 게 없어.'라고 말하면서. 그런 사람에게도 진정한 성공은 찾아오지 않아."

춤추는 구름은 아이의 아빠가 만족할 날을 상상해 보았어. 달리다 멈춰서 들판에 핀 꽃들 사이로 빙글빙글 춤추며 기뻐할 날을.

# 마주 잡은 행복

아들러는 지구본을 가져다가 책상 위에 올려놓았어. 그러곤 이렇게 말했어.

"나는 삶의 모든 것이 연결되어 있다고 믿어. 세상 모든 강물이 하나의 바다와 연결되어 있듯, 우리가 살면서 만들어 갈 관계도 연결을 빼놓고는 생각할 수 없지. 태어나고 성장해서 사라지기까지 삶의 전 과정을, 우리는 늘 다른 누군가와 함께하거든. 공동체 감각이란 이 '함께하는 삶'에 꼭 필요한 것이야."

## Day68. 공동체 감각에 대하여

"할아버지, 우린 올바른 목표를 세우는 게 얼마나 중요한지 배웠어요. 올바른 목표는 협력을 기준으로 해야 한다는 것도 배웠고요. 그런데 협력을 기준으로 한 목표란 정확히 어떤 걸 말하나요?"

오래된 책 냄새를 좋아하는 구름이 물었어.

아들러가 대답했어.

"공동체 감각을 키울 수 있는 목표라고 보면 돼. 공동체 감각이 발달하면 많은 어려움에서 벗어날 수 있거든."

"공동체 감각이요?"

"그래. 공동체 감각. 공동체 감각은 타인을 친구로 여기는 걸 말해. 거기에 있어도 좋을 편안함을 느끼는 것이지. 인간관계의 최종 목적은 바로 공동체 감각에 있어. 자기에 대한 집착을 타인에 관한 관심으로 돌리고 그에 필요한 감각을 기르는 것. 행복한 삶을 위해 없어서는 안 될 것이지."

오래된 책 냄새를 좋아하는 구름은 아들러의 말이 자기가 응원하는 아이에게도 도움이 되길 바랐어. 아이는 모든 일을 혼자서만 하려는 경향이 있어서 어쩌면 외로울지도 모르겠어.

## Day69. 자기수용, 타자 신뢰, 타자 공헌에 대하여

"할아버지, 공동체 감각은 어떻게 기를 수 있어요? 저는 그게 궁금해요."

실천하는 구름이 물었어.

아들러가 대답했어.

"'자기수용'과 '타자 신뢰', '타자 공헌'을 통해 기를 수 있지."

"와, 그게 다 뭐예요? 이해하기 쉽게 설명해 주세요."

"좋아. 첫째, 자기수용이란 불완전한 나를 받아들이고 '변화할 수 있는 나'에 주목해 좋은 방향으로 바꾸어 나가는 것을 말해. 그러기 위해서는 자신을 바꿀 용기가 필요하지. 둘째, 타자 신뢰란 타인을 친구라 여기고 믿는 걸 말하는데, 이때 주의할 점이 있어. 그건 바로 상대방도 나를 친구로 여기고 믿어 주기를 기대해서는 안 된다는 거야. 아까도 말했지만 그건 그 사람의 과제이거든. 셋째, 타자 공헌이란 자신의 존재나 행동이 공동체에 유익하다고 생각될 때, 거기서 '나'의 가치를 발견하는 걸 말해. 인간은 다른 사람에게 도움이 될 때 자신의 가치를 느끼고 거기서 행복감을 얻는단다."

실천하는 구름은 평소에도 쓸모 있는 사람이란 어떤 사람을 두고 하는 말일시 궁금했어. 그런데 지금 보니 그건 공동체 감각이 있는 사람을 두고 한 말이었어.

### Day70. 학교 교육에 대하여

"할아버지, 제가 응원하는 아이는 학교에 가길 싫어해요. 정해진 수업 시간, 지켜야 할 규칙, 재미없는 과목, 그런 게 마음에 들지 않는다고요. 학교는 왜 있고, 아이들은 왜 정해진 나이가 되면 학교에 가야 할까요?"
교실 밖 구름이 물었어.

아들러가 대답했어.

"학교는 성적표에 표시될 과목만을 위해 가는 곳이 아니야. 학교란 가정의 범위가 조금 더 넓게 확장된 인간관계를 의미하니까. 만일 부모가 자녀의 교육과 훈육을 전담할 수 있다면, 가정 내에서 인생의 여러 문제를 해결하는 데 필요한 모든 훈련을 도맡아 할 수 있다면, 그래서 자녀가 자신이 속한 사회에 충분히 적응할 수 있도록 모든 준비를 마칠 수 있다면 학교 교육은 필요하지 않을 거야. 그러나 이전과 달리 오늘날의 문화는 한층 더 복잡해졌어. 게다가 사회는 구성원들에게 가정에서는 받을 수 없는 높은 수준의 교육을 요구하게 되었지. 지금의 사회가 이전처럼 단순한 형태로 바뀌지 않는 한 학교 교육이 필요할 수밖에 없어."

"그렇군요. 지는 학교에 가기 싫어하는 아이의 마음이 조금은 이해되어요. 요즘은 학교가 그 역할을 제대로 수행하지 못하고 있다는 생각도 들고요."

교실 밖 구름의 말에 아들러는 고개를 끄덕였어. 그

러곤 이렇게 말했어.

"이해해. 오늘날의 학교 교육이 완벽하다고 말할 수 없으니까. 경쟁이 아닌 더불어 사는 법을 가르쳐야 하지만 그러지 못할 때가 많고, 앞으로 어떤 일을 하든지 공헌감 속에서 자기 가치를 발견하는 사람이 되도록 가르쳐야 하지만 그 역할도 제대로 수행하지 못할 때가 많으니까. 모두 학교 교육이 앞으로 풀어 가야 할 과제이지."

### Day71. 공동생활의 논리에 대하여

"할아버지, 내가 응원하는 아이는 호기심이 많아요. 그래서 대답하기 곤란한 질문을 자주 해요. 한번은 왜 모두가 파란 불일 때 건너고 빨간 불에서 멈춰야 하는지 물었어요. 그러면서 이런 규칙은 누가, 왜 만들었고, 왜 모두가 그 규칙을 따라야 하냐고 물었지요. 저는 이 아이에게 어떤 대답을 해 주어야 할까요?"

신호등을 그냥 지나치지 못하는 구름이 물었어.

아들러가 대답했지.

"추운 겨울, 우린 밖에 나가기 전에 두꺼운 옷을 껴입어. 왜일까?"

"체온을 유지해야 하니까요. 인간은 털이 없잖아요."

"그래. 인간은 매우 불완전한 동물이야. 그래서 생명을 유지하는 데 필요한 안전을 보장받으려 모여서 살기 시작했어. 그런데 서로 다른 사람이 더불어 살려면 거기서 발생하는 여러 문제를 해결해야만 했지. 그래서 생겨난 게 바로 공동생활의 논리야. 모두가 함께 살기 위해 변하지 않는 가치로 여기게 된 것들 말이야. 네가 말한 규칙도 바로 이 논리에 속해. 추위로부터 몸을 보호하려고 두꺼운 옷을 입듯이 우린 공동생활의 논리에서 비롯된 규칙을 따라야만 해. 왜냐하면……."

여기까지 말하고, 아들러는 나머지 대답을 구름들에게 맡겼어. 그러자 구름들이 입을 모아 소리쳤어.

"우린 함께 살아야 하니까요!"

## Day72. '나'라는 공동체에 대하여

"할아버지, 그러면 방과 후에 학원에 가는 것도 공동생활의 논리에 따른 건가요? 그래서 무조건 따라야 하고요? 제가 응원하는 아이는 학교 수업 후 여러 학원에 다녀요. 아이는 싫어하지만, 부모님은 그래야 좋은 대학에 갈 수 있다며 등원을 강요하시죠."

자기 안에 물음표를 지닌 구름이 물었어.

아들러가 대답했어.

"인간의 정신은 공동체 생활의 필요성에 따라 환경에 대항해 발달해 왔어. 그런데 여기서 말하는 공동체는 타인과 함께 사는 것만을 뜻하지 않아. 나라는 개체도 어떻게 보면 하나의 공동체인 셈이니까. 몸, 마음, 정신, 기분, 욕구, 의지 등 많은 것들이 함께 살아가는 공동체 말이야. 그런데 자기를 이루는 이 요소들 사이에 충돌이 생기면, 우린 이 충돌을 극복할 방법을 찾기 시작해. 네가 응원하는 아이도 그런 거야. 그래서 아이에게는 자기가 원하는 것을 이루고, 미래의 안전과 적응을 약속해 주는 자기만의 방법을 찾을 시간이 필요해. 부모가 아이에게 해 줘야 하는 건 자신의 논리에 맞게 아이를 끼워 맞추는 게 아니라 아이가 자신이 할 수 있는 것과 할 수 없는 것을 구분해 깨닫고, 할 수 있

는 것에 최선을 다해 나아갈 수 있도록 지지해 주는 것이고. 물론 많은 어른이 그렇게 하지 못하지만."

"그럼 어떻게 해요?"

"아이에게는 자기수용이, 부모에게는 타자 신뢰가 먼저 이루어져야 하지 않을까?"

'나'라는 개체 또한 많은 요소가 복합된 공동체라는 아들러의 말은 자기 안에 물음표를 지닌 구름에게 신선한 느낌으로 다가왔어. 마치 자기가 응원하는 아이가 오케스트라의 지휘자가 된 느낌이랄까?

### Day73. 감정이입에 대하여

"저는요 할아버지, 사람들이 텔레비전을 보거나 책을 읽으며 직접 겪은 일도 아닌데 화를 내기도 하고 눈물을 흘리기도 하는 이유가 궁금해요.
내가 응원하는 아이의 할머니가 특히
잘 그러는데 이유가 뭘까요?"

무릎 위의 구름이 물었어.

아들러가 대답했어.

"감정이입을 통해 공감되었기
때문이겠지. 감정이입은 내가 다른 사람인 듯 행동하고 느끼는 능력인데 주로 다른 사람과 대화를 하는 동안 일어난단다."

"텔레비전을 보거나 책을 읽는 건 다른 사람과 대화를 나누는 게 아니잖아요. 아닌가요?"

"왜 그렇게 생각하지? 꼭 말이 오가야 대화가 이뤄지는 건 아니야. 말이 없더라도 감정이입을 통해 공감되었다면, 충분한 대화가 이뤄졌다고 볼 수 있어."

"아, 생각해 보니 그러네요. 그런데 인간에게는 왜 그런 능력이 생긴 거죠?"

"공동체 의식 때문이지."

"우아, 또 공동체 의식이 나왔네요!"

"하하, 맞아. 공동체 의식은 인간이 더불어 사는 존재임을 기억하게 해 주고 몸 바깥의 사물과 우리 자신을 일치시키는 능력을 갖추게 해 주는 우주적 감정이야. 개개인 안의 우주가 서로 연결되어 있음을 반영하니까."

무릎 위의 구름은 대화 없이도 텔레비전에 나오는 사람의 마음을 이해하고 공감하는 할머니가 마법사처럼 느껴졌어.

## Day74. 영향에 대하여

"할아버지, 내가 응원하는 아이는 요즘 친구를 가려서 사귀라는 부모님 말씀에 걱정이 생겼어요. 가까이 할 친구와 멀리할 친구를 나누는 것도 문제지만, 왜 그래야 하는지 이해하지 못했거든요. 아이의 걱정이 해결될 수 있을까요?"

도화지 위에 앉아 고민하는 구름이 물었어.

아들러가 대답했어.

"내가 연구하는 개인심리학은 '한 사람이 어떻게 다른 사람에게 영향을 미치는 것이 가능할까?'라는 질문에, 중요한 건 상호 관련성이라고 대답해. 우리의 전반적 삶은 이런 상호 간의 영향력을 전제로 할 때만 가능해지거든. 인간은 공동체 의식의 영향을 받아 다른 사람의 영향을 어느 정도 수용할 수 있어. 그런데 그 영향을 어느 정도까지 받을 수 있는가 하는 가능성의 정도는, 영향을 주는 사람이 영향을 받는 사람의 권리를 어느 정도까지 고려하느냐에 따라 달라져. 다른 사람에게 해를 끼치면서 그 사람에 대한 지속적인 영향력을 행사하는 게 불가능한 이유야. 누군가에게 최대한의 영향력을 미치기 위해서는 그 영향력 아래 있는 사람이 자신의 권리가 제대로 보장된다고 느낄 수 있어야 하거든."

듣고 보니 그랬어. 비는 무언가를 적시지만 적시는 것을 비가 되게 하지는 않았어.

# Day75. 악에 대하여

아들러의 말에 길모퉁이 구름이 고개를 갸웃거렸어. 그러곤 이렇게 물었지.

"할아버지 말씀대로라면 나쁜 영향을 받는 데 한계가 있다는 거네요? 그러려면 세상에 나쁜 사람이 더는 생기지 말아야 할 것 같아요. 나쁜 사람이 다 죽고 난 다음에는 완전히 사라져야 하고요. 아닌가요?"

길모퉁이 구름의 질문에 아들러가 대답했어.

"처음부터 나쁘게 태어나는 사람은 없지만, 나쁜 사람이 될 가능성은 누구에게나 있어. 이 말은 아무리 좋은 말에도 반대부터 하거나, 자신이 무가치하다고 판단해 버리고 폭력과 악에 굴복해 버릴 가능성이 누구에게나 있다는 뜻이야. 의도적으로 사회의 영향에서 도피하려는 사람, 지나친 압박감에 시달리는 사람, 그런 사람은 종종 범죄를 저질러 사회의 악이 돼."

"그러면 세상에서 악은 영원히 사라지지 않겠군요. 그래요, 할아버지?"

"인류의 역사는 길고, 그 안에서 인간은 항상 불완전한 존재로 태어난단다. 그리고 이 불완전함은 인간을 나약하게 만들기도 하고, 단단하게 만들기도 해. 올바른 목표 설정과 공동체 감각을 기르는 일이 얼마나 중요한지 내가 누누이 강조하는 이유야."

아들러의 말에 길모퉁이 구름은 가슴속에서 무언가가 꿈틀거리는 걸 느꼈어. 어떤 길을 가야 할지 알 것 같았거든. 그것은 아지랑이처럼 간질거리고, 봄날의 햇볕처럼 따뜻했어. 뛰어노는 아이들의 상기된 뺨 같기도 했지.

## Day76. 좋은 직업에 대하여

"저는 어떤 직업을 갖는 게 좋은지 궁금해요. 좋은 직업과 그렇지 못한 직업이 있다면 말씀해 주세요. 제가 응원하는 아이도 자라서 언젠가는 직업을 갖고 일하게 될 테니까요."

행복한 작업실을 꿈꾸는 구름이 물었어.

아들러가 대답했어.

"직업에는 귀함과 천함이 없어. 노동을 바탕으로 한 모든 일은 공헌을 근본으로 하니까. 물론 좋은 직업과 그렇지 못한 직업을 가르는 기준은 있지만 그 기준 또한 그 일이 타인과 사회에 공헌할 수 있는가 아닌가의 문제에서 벗어날 수 없지. 그래서 공헌의 문제에서 그릇됨이 없고, 거기서 자기 가치를 발견할 수 있다면 좋은 직업을 가졌다고 말할 수 있어."

"사회에 공헌하는 일을 하며 거기서 자기 가치를 발견하지만, 즐겁지 않은 사람도 있지 않을까요?"

"그건 열정의 문제가 아닐까? 인생의 여러 과제를 다루기 전에 가장 먼저 자기수용이 앞서야 해. 내가 누구인지 알고 그것을 받아들인다는 건 자신에게 기쁨이 되는 일이 무엇인지 아는 것도 포함되거든."

행복한 작업실을 꿈꾸는 구름은 세상 사람 모두가 자기가 좋아하는 일을 하며, 자신의 가치를 발견하길 바랐어. 그렇게 사회에 공헌하길 바랐어.

### Day77. 의미 있는 삶에 대하여

"의미 있는 삶과 그렇지 않은 삶을 나누는 기준도 있을까요? 사람들은 누구나 의미 있는 삶을 원해요. 내가 응원하는 아이도 그런 삶을 추구하게 될 테고요. 그래서 알고 싶어졌어요."

바다에 이르고 싶은 구름이 물었어.

아들러가 대답했어.

"좋은 질문이구나. 네 말대로 인간은 수많은 의미의 영역 속에서 살아가. 그래서 의미 있는 삶을 원할 수밖에 없어. 왜냐하면 인간은 항상 자기가 부여한 의미를 통해서 현실을 경험하거든. 객관적인 현실 자체가 아니라 해석된 무엇으로 경험하는 것이지. 그래서 의미란 언제나 미완성의 것이고, 불완전해."

"의미 있고 없음을 나누는 공통 기준이 없나요? 각자 자기가 부여한 의미를 통해 세상을 보기 때문에요?"

"있어. 수많은 의미 속에서 유용한 것과 아닌 것을 가려내고 결함이 있는지도 미루어 짐작할 수 있는"

"그게 뭐예요?"

"인류 공동의 목표. 우리가 의미 있다고 여기는 건 언제나 인류의 공동 목표에 부합되는 진리를 바탕으로 성립된단다. 인간을 비롯해 지상의 모든 생명체를 이롭게 하는 진리 말이야."

### Day78. 이해에 대하여

"할아버지는 대화의 목적이 이해에 있다고 말씀하셨어요. 그런데 우리는 왜 서로 이해하며 살아야 하나요? 무엇을 위해서요?"

메아리를 찾아 걷는 구름이 물었어.

아들러의 대답은 빠르고도 간결했어.

"우린 복잡한 사회 속에서 함께 살아가. 그리고 이 공동생활의 기본 조건에는 지키지 않으면 안 되는 많은 규율이나 강제 사항이 있지. 이때 서로에 대한 이해만큼 중요한 건 없어. 왜냐하면 인간에 대한 이해가 커질수록 공동생활의 방해 요소가 줄어들거든."

"공동생활의 방해 요소요? 그건 어떤 건데요?"

"몰이해에서 오는 미움, 시기, 질투, 편견, 불화, 자기 불신 등 내가 나 또는 타인과 사이좋게 지내는데 방해되는 온갖 부정적 감정들이지. 그런 감정들은 화합을 돕는데 아무런 도움이 되지 않아."

다른 사람을 이해한다는 건 어쩌면 자기 자신을 위해 좋은 일인지도 몰랐어. 할아버지의 말씀대로라면 이해한 상태에서는 이롭지 않은 감정을 느끼지 않아도 되고, 불편한 상황을 피해 갈 수 있었거든.

## Day79. 불평등에 대하여

"할아버지, 그래도 저는 세상이 불공평하다고 생각해요. 약육강식의 동물의 세계처럼 힘센 사람만 살기 편하니까요. 예를 들면 돈이 많은 사람에 비해 그렇지 못한 사람은 살기 어려워요. 왜 그럴까요?"

넘어졌다 일어서는 구름이 물었어.

아들러가 대답했어.

"맞아, 사회 계급의 차이가 가져온 혼란은 여전히 계속되고 세상은 불공평해. 부와 권력은 특권층에 더 많은 기회를 주고, 거기 속하지 못하는 사람은 최소한의 기회조차 얻지 못하지."

"결국 모두가 행복할 수는 없다는 말이네요."

"글쎄, 나는 꼭 그렇지만은 않다고 생각해. 행복은 천 개의 얼굴을 하고 있으니까. 또한 사회도 변화의 과정에 있는 유기체야. 고정된 무엇이 아니라는 말이지."

판도라의 상자를 연다는 건 위험한 일이었어. 마지막에 남은 희망이 꽃길만을 의미하는 건 아니었으니까. 하지만 어쩌겠어? 먼 옛날 판도라의 상자는 이미 열렸고, 우린 그 안에서 희망이란 녀석을 보고야 말았는길! 그러니 계속 걸을 수밖에.

넘어졌다 일어서는 구름이 생각했어.

## Day80. 명랑함에 대하여

"할아버지, 공동체 의식이 얼마나 중요한지 이제는 알겠어요. 좋은 영향을 받으려면 어떤 사람 곁에 있어야 하는지도 알겠고요. 그래서 말인데요, 공동체 의식이 큰 사람을 어떻게 알아볼 수 있죠?"

봄이 시작된 언덕 위의 구름이 물었어.

아들러가 대답했어.

"한 사람이 얼마나 큰 공동체 의식을 가졌는지 측정하기 위해서는 그가 얼마나 다른 사람을 도와주고 격려하며 기쁨을 줄 준비가 되어 있는지 살펴보면 돼. 기쁨을 가져다주는 이 능력은 외적인 모습에서 이미 커다란 관심을 불러일으키는데, 이런 능력의 사람은 매우 명랑하고 쾌활하단다. 다른 사람에게 자기가 가진 걱정을 떠넘기려 하지도 않고, 그것으로 그들을 힘들게 만들지도 않아."

봄이 시작된 언덕 위의 구름은 자기가 응원하는 아이와 자두나무 아래에서 놀던 정오를 떠올렸어. 비 온 뒤 맑게 갠 하늘에는 아이의 코끝을 따뜻하게 덥히는 햇살로 가득했지. 명랑함과 잘 어울리는 풍경이었어.

### Day81. 변화에 대하여

"제가 응원하는 아이는 명랑함과는 거리가 멀어요. 약간 우울하다고 할까요? 그런 아이는 공동체 의식을 기를 수 없나요?"

꽃봉오리 안의 구름이 물었어.

아들러가 대답했어.

"우린 공동체 감각을 익히는데 자기수용이 필요하다는 사실을 배웠어. 그렇지?"

"네."

"자기수용은 뭐였지?"

"있는 그대로의 나를 받아들이는 거요."

"맞아. 거기 더해 내가 할 수 있는 것과 할 수

없는 것을 구분하고 할 수 있는 것에 초점을 맞추어 좋은 방향으로 발전해 나가는 것도 그 한 과정임을 배웠어. 이 과정에는 자기를 변화시키겠다는 매우 큰 용기가 필요하다는 것도 배웠고. 기억 나니?"

"네."

"공동체 감각은 훈련을 통해 키워 나가는 것이야. 매일 화분에 물을 주듯이 성장에 필요한 것을 흡수해 그 힘으로 꽃을 피우는 것이지. 태양은 머리 위에서 빛을 뿌리고, 바다는 그 안에 내일 내릴 비를 품고 있단다. 재료는 이미 준비돼 있어."

꽃봉오리 안의 구름은 아들러의 마지막 말을 잊지 않고자 마음속으로 되뇌었어. 할아버지의 말처럼 모든 씨앗 안에는 내일 맺을 열매가 이미 들어 있었어.

## Day82. 결합적 감정에 대하여

"할아버지는 말씀하셨어요. 공동체 의식을 방해하는 감정이 있다고요. 그래서 말인데, 혹시 공동체 의식을 돕는 감정도 있나요?"

매일 자라나는 구름이 물었어.

아들러가 대답했어.

"물론이야. 공동체 의식을 돕는 감정은 주로 결합적 태도를 보이는데, 기쁨과 연민의 감정이 여기 해당해. 첫 번째 감정인 기쁨은 고립을 참지 못해. 함께 손잡고 웃을 다른 사람을 찾게 하지. 그래서 결합적 태도를 보인다고 하는 거야. 두 번째 감정인 연민은 공동체 의식의 가장 순수한 표현이야. 연민은 공감이 필요하기에 그 자체로 결합적 태도를 보여. 반면 수치심이라는 감정도 공동체 의식을 돕는데, 이 감정은 결합적인 태도와 분리적 태도를 동시에 보인단다. 그런데 수치심이 결합적 태도를 보이는 이유는 그 자체로 공동체 의식의 한 구성체라서 인간의 심리에서 분리할 수 없는 성격을 지니기 때문이야. 반대로 그런 감정을 느낀 대상자를 도망치게 해서 분리적 태도 또한 보이는 것이지. 그러나 이 수치심이라는 감정이 없다면 인간의 사회는 존립할 수 없었을 거야. 그만큼 수치심은 매우 중요한 감정이야."

공동체 감각은 훈련을 통해 길러지는 것이었어. 그리고 거기에는 물과 햇빛, 거름처럼 도움이 되는 감정이 있었지. 매일 자라나는 구름은, 공동체 감각을 기를 때 이로운 감정 연습을 먼저 하는 것이 좋겠다고 생각했어.

## Day83. 가족이기주의와 가부장적 권위에 대하여

"할아버지, 공동체 의식을 방해하는 또 다른 요소가 있나요?"

요람을 나온 구름이 물었어.

아들러가 대답했어.

"가족이기주의와 가부장적 권위도 공동체 의식을 방해해. 가정은 분명 아이의 교육을 담당하는 최선의 제도이지만 불행하게도 현대 문화 속에서는 많은 가정이 가족이기주의의 그릇된 관념에 지배되어 아이의 목표를 엉뚱한 방향으로 비틀어 버리거든. 그러곤 아이들이 잘못된 권력 개념과 지배욕, 우월 욕구를 키우도록 조장하지. 그래서 적절하게 훈련받아야 할 공동체 의식의 교육은 배제되고 이기심과 허영심으로 무장된 아이들만을 길러내서 아이의 인생과 사회, 더 나아가 인류의 안녕에 심각한 위험이 돼."

요람을 나온 구름은 자기가 응원하는 아이를 생각했어. 아이의 첫 교사인 어머니와 아버지, 그리고 형제자매로 구성된 가정이라는 울타리가 지금 어떤 역할을 담당하는지 생각해 보았어. 아이가 어른이 되어 자기 가정을 꾸렸을 때, 그 가정은 또 어떤 모습을 하고 있을지도 상상해 보았어. 거기 무엇이 필요하고 또 무엇은 그렇지 않은지도.

## Day84. 삶에 대하여

"만약 어떤 이유로 가정과 학교가 올바른 공동체 의식을 기를 수 있는 최선의 제도가 될 수 없다면, 그때에는 삶이 가르쳐 주지 않을까요?"
생각하는 구름이 물었어.

아들러가 대답했어.

"심리학적 측면에서 삶은 근본적인 변화를 일으키지 못해. 왜냐하면 삶은 이미 다 만들어진 사람만을 떠맡기 때문이야. 많은 사람이 가정이나 학교에 대한 대안으로 삶을 떠올리지만, 삶은 사실 생각과 달리 매우 나쁜 교사에 속한단다. 아무것도 고려해 주지도, 관용을 베풀지도 않으니까. 아무 경고도 없이, 제대로 된 교훈도 주지 않은 채 인간을 차갑게 외면하고 그들이 실패하도록 내버려 두거든."

"할아버지, 너무해요. 그러면 아이들은 어떻게 하라고요!"

"가정과 학교가 훌륭한 교사가 될 수 없다고는 말하지 않았어. 어떻게 변화해야 하는지 말했을 뿐."

생각하는 구름은 학교와 가정에 관해 아들러 할아버지가 한 말을 가만히 떠올려 보았어. 또한 삶이 왜 심리학적 측면에서는 좋은 교사가 될 수 없는지 생각해 보았지.

# 행복을 여행하는 아이

아들러는 손가락으로 하늘을 가리켰어.
그러곤 이렇게 말했어.

"새는 날기 위해 창공이 필요하지만, 창공을 꿈꾸지는 않아. 새에게 창공은 도달하기 어려운 무언가가 아니라 오늘의 희망이자 내일의 현실이거든. 삶도 마찬가지야. 어제의 나는 오늘의 내가 아니듯, 삶도 우리에 의해 완성되길 기다리며 매 순간 시작된단다. 다른 누군가가 아닌 '나'라는 희망 속으로 우리가 과감히 뛰어들기를 기다리면서."

### Day85. 스스로 결정하는 사람에 대하여

"할아버지, 내가 응원하는 아이는 요즘 인생이란 뭘까 하고 고민하는 시간이 길어졌어요. 그래서 저도 덩달아 같이 생각해 보게 되었죠.
인생이란 뭘까요?"

전나무 꼭대기의 구름이 물었어.

아들러가 대답했어.

"내게 인생은 살면서 부딪치는 수많은 장애와 어려움을 헤쳐 나가는 과정을 의미해. 하지만 또 그렇다고 힘들기만 한 건 아니지. 극복해야 할 여러 문제가 있겠지만, 그건 극복되어야만 할 것 그 이상도 이하도 아니거든. 게다가 인생에서 일어나는 모든 일은, 거기서 어떤 의미를 찾아내는가에 따라 상황 자체를 다르게 변화시키기도 해. '스스로 결정하는 사람'은 그런 삶을 살아. 상황 속 숨은 의미를 찾아내고, 거기에 맞춰 자기 자신과 삶을 개척하지. 우린 지금의 모습 그대로 완성되어 태어난 게 아니라 매일 만들어지거든. 인생도 그래."

"우아, 인생이란 어려운 것이네요! 큰 노력을 기울여야 할 것 같아요!"

아들러는 빙그레 미소 지었어.

"뭔가를 이루기 위해 노력한다는 건 숭고한 일이란다. 인간의 내면에서는 항상 패배에서 승리로, 아래에서 위로 오르려 하는 장대한 활동이 진행되고 있거든. 이 모든 노력을 존 듀이 교수는 '지극히 정당한 노력'이라고 불렀고, 또 다른 누군가는 '자기 보존을 위한 노력'이라고 불렀어. 어떤 이름으로 불리든, 인간은 이러한 노력을 통해 스스로에 대한 확신을 얻고 장래의 목표에 도달하게 돼. 건강한 삶을 위해 없어서는 안 될 것이지."

## Day86. 일과 직업의 과제에 대하여

"할아버지, 이건 제가 응원하는 아이가 혼잣말하듯 물은 건데요, 사람은 왜 일해야만 할까요?"

담장 위에 앉은 구름이 물었어.

아들러가 대답했어.

"인간은 누구나 세 가지 유대 관계에 묶여 세상을 살아가. 그리고 이 유대 관계는 인생의 세 가지 과제를 인간에게 던져 주지. 우린 이 과제들 가운데 하나만 따로 떼어 해결할 수 없어. 저마다 다른 두 가지와 연결되어 하나의 성공이 나머지 것들의 성공을 불러오기 때문이야. 첫 번째 유대는 일과 직업에 관계한 과제를 던져. 이 과제는 인간 삶의 터전인 지구와 맺는 인연에서 비롯해. 따라서 인간은 누구나 지구라는 공간이 주는 제한과 가능성 안에서 일하며 발전해 나가야 하지. 직업을 갖고 일한다는 건 그런 의미에서 단순히 돈을 버는 것만을 의미하지 않아. 필요한 것을 얻기 위해 일하지만, 일은 인생관과 가치관, 삶의 목적성 등 많은 것을 반영하거든."

담장 위 구름은 자기가 응원하는 아이가 커서 어떤 일을 할지 상상해 보았어. 아이에게는 아직 장래 희망이 없었지만, 그 애가 어떤 재능을 가졌는지, 무엇을 좋아하고, 어떤 것에 가치를 두는지 지켜보며 응원을 멈추지 않는다면 훌륭한 사회의 한 구성원이 될 것이라고 생각했어.

### Day87. 교우의 과제에 대하여

"두 번째 과제는 뭐예요, 할아버지?"
시소 위 구름이 물었어.

아들러가 대답했어.

"교우의 과제야. 이 과제는 개개인 모두가 인류에 소속되어 있다는 사실과 다른 사람과 더불어 살아야 한다는 사실에서 비롯돼. 인간은 누구나 지구에서 홀로 살아가는 존재가 아니기에 늘 타인에게 관심을 기울이고 그들과 어울릴 수 있도록 노력해야 하거든. 교우의 과제를 풀 해답은 우정, 공동체 의식, 협력 안에 있어. 이 두 번째 과제가 풀리면 첫 번째 과제도 자연스럽게 해결된단다. 왜냐하면 인간이 분업이라는 위대한 발견을 할 수 있었던 것은, 즉 인류 행복의 주된 원인을 찾아낼 수 있었던 것은 서로 돕는 법을 배웠기 때문이거든. 인간은 분업을 통해 훈련해 키운 각자의 능력으로 인류 공통의 행복에 이바지해. 또한 사회 구성원 모두에게 균등한 기회를 주고, 불안과 위협으로부터 안전

을 보장받을 수 있지. 다시 말하지만, 이 두 번째 과제를 푸는 것은 첫 번째 과제를 풀 가장 좋은 방법이 돼."

시소 위 구름은 자기가 응원하는 아이가 전학 간 학교에서도 새로운 친구들과 어울리며 사이좋게 지내길 바랐어. 친구들과의 원만한 관계 속에서 안정감을 얻을 수 있다면 다른 방해 요소 없이 즐거운 학교 생활을 할 수 있을 테니까.

## Day88. 사랑과 결혼의 과제에 대하여

아들러는 말을 마치고 물 한 모금을 마셨어.

"자, 이번 질문은 뭐가 되어야 할까?"

아들러의 질문에 두근대는 구름이 대답했어.

"세 번째 과제요!"

아들러가 말을 이었어.

"그래, 세 번째 과제! 세 번째 과제는 사랑과 결혼의 과제야. 이것은 특별한 경우를 제외하고는 인간은 누구나 남자나 여자 둘 중 하나일 수밖에 없다는 사실에서 비롯해. 인류의 지속 여부는 바로 이 남녀 간의 이성 역할의 성취에 달렸다고 해도 과언이 아니지. 하지만 다른 과제처럼 남녀 관계에도 풀기 어려운 많은 숙제가 있단다."

아들러의 말에 구름들이 킥킥 웃으며 "맞아요!" 하고 말했어. 각자 응원하는 아이들이 이성에 호기심이 생긴 때였거든.

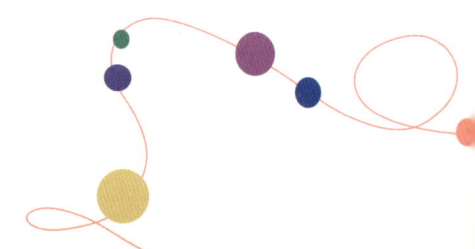

"하하, 다들 관심이 많은 주제인가 보구나. 그렇다면 이 과제를 어떻게 푸는가에 대해 조금 더 이야기해 볼까? 인생의 다른 과제와 마찬가지로 사랑과 결혼의 과제도 독립적으로는 해결될 수 없어. 이 문제를 해결하려면 공동의 선에 이바지하는 노력과 다른 사람과의 좋은 관계가 필요하거든. 또한 남녀가 대등해야 해. 누구도 다른 성을 위해 희생하지 말아야 하지."

두근대는 구름은 아들러의 마지막 말에 고개를 크게 끄덕였어. 할아버지의 말씀처럼 다른 누군가의 희생으로 유지되는 관계는 건강한 관계가 아니었어. 사랑도 한쪽의 일방적인 희생을 의미하지는 않았어.

## Day89. 실패에 대하여

"할아버지, 남녀 관계 이야기가 나와서 말인데요. 내가 응원하는 아이는 사실 지금 짝사랑 중이에요. 그런데 고백은 꿈도 못 꿔요. 좋아하는 아이가 자길 거절할까 봐 무서워서요. 어쩌면 좋을까요?"

미끄럼틀 위의 구름이 물었어.

아들러가 대답했어.

 "실패나 패배를 피할 가장 확실한 방법은 도전하지 않는 거야. 친해지고 싶다고 얘기하지 않으면 상처받을 일도 없지. 하지만 최악의 인생은 아무것에도 실패하지 않은 인생이란다. 일하지 않았기에 일에서 실패한 적이 없는 사람, 친구를 사귀지 않았기에 인간관계에서 실패한 적이 없는 사람, 그의 인생은 완전해 보이지만 사실은 최악이라고 할 수 있어. 인생은 과제의 연속이고, 그 과제에 용기를 갖고 도전해 극복할 때 행복은 비로소 찾아오거든."

 아들러의 말은 미끄럼틀 위의 구름에게 큰 감동을 주었어. 누구도 넘어지지 않고는 일어서는 방법을 배울 수 없었지.

## Day 90. 운명에 대하여

"할아버지, 저는 인생에 정해진 길이 있다면 얼마나 좋을까 생각했어요. 그러면 내가 응원하는 아이도 길을 잃지 않고 쉽게 자기 길을 갈 테니까요. 아닌가요?"

시간표 짜길 좋아하는 구름이 물었어.

아들러가 대답했어.

"글쎄, 과연 그럴까? 내 생각은 조금 달라. 나는 우리가 인생에 관심을 가질 수 있는 까닭은 아무것도 결정되지 않은 불확실함 때문이라고 믿으니까. 그런 의미에서 보면 인생의 도전에 끝이 없다는 것도 인간에게는 크나큰 행운이지. 왜냐하면 바로 그래서 인간의 추구와 노력이 계속될 수 있거든. 그 안에서 늘 새로운 문제를 찾아내거나 창조해 내고, 협력과 공헌을 위한 새로운 기회를 만들어 낼 테니까. 인간은 자신의 인생을 그리는 화가야. 오늘의 나를 만든 것은 어제의 나이고, 앞으로의 인생을 결정하는 것도 나 자신이지. 운명이란 말에도 그 의미가 숨어 있어. '운'이란 글자는 '옮기다, 움직이다.'라는 뜻을 가졌거든. 운명이 스스로 움직일 수 있는 것이며, 이제껏 자신이 움직여 온 결과라는 뜻이지."

## Day91. 용기에 대하여

"할아버지, 조금 전 용기에 관한 이야기가 나와서 하는 말인데요. 저는 진정한 용기란 무엇인지 궁금해요. 어떤 사람을 용기 있다고 말하죠?"

모험을 좋아하는 구름이 물었어.

아들러가 대답했어.

"참된 용기는 삶에 도움을 주는 용기야. 그리고 용기가 있다는 것은 인생의 많은 과제에 대처해 나아간다는 뜻이지. 그렇다면 반대로 용기가 없다는 건 뭘까? 그건 인생의 많은 과제에 대처하지 않는 것을 뜻해. 용기는 협력하게 하고 공동체 감각을 보여 주는 능력이거든. 진정으로 용기 있는 사람은 자신을 전체의 일부라고 느껴. 지구에서의 삶에 편안함을 느끼고, 인생에는 자신에게 유리한 점도 있지만 불리한 점도 있다는 걸 이해하지. 그리고 일, 교우, 사랑의 과제로부터 달아나지 않아. 삶에 도움을 주는 용기란 바로 그런 것이야."

모험을 좋아하는 구름은 생각과 다른 아들러의 말에 놀랐어. 왜냐하면 지금껏 영웅과도 같은 삶을 사는 사람만이 용기 있는 사람이라고 생각했으니까.

# Day92. 실수할 수 있는 용기에 대하여

"할아버지, 제가 응원하는 아이는 어제 실수로 화분을 깼어요. 그리고 동생이 그랬다고 거짓말까지 했어요. 아이는 왜 그러는 걸까요?"

지우개를 좋아하는 구름이 물었어.

아들러가 대답했어.

"인간은 누구나 성장하는 단계에 있어. 그리고 성숙을 향한 이 과정에서 여러 실수를 저질러. 새로운 상황에 어떻게 대응해야 좋을지 아직 모르기 때문이야. 하지만 그래서 우린 일생 동안 앞으로 나아가며 더 나은 해답을 찾기 위해 계속 노력하게 돼. 그게 곧 삶인 셈이고. 그러나 같은 실수를 두 번, 세 번 되풀이하는 것은 좋지 않아. 물론 실수한 다음의 행동도 중요하지."

"실수한 다음의 행동이요?"

"그래. 만약 실수로 잃거나 망가진 것이 있다면 가능한 그것들을 원상태로 되돌려 놓아야 해. 누군가를 상처 입혔다면 그 사람에게 사과해야 하지. 용기 있는 사람은 자신이 저지른 실수에 책임지거든. 네가 응원하는 아이의 경우에는 자신의 잘못을 인정하고 동생에게 사과해야겠지. 자신이 실수할 수 있음을 인정하는 것도 용기 있는 행동이니까."

## Day 93. 불완전할 수 있는 용기에 대하여

"할아버지, 제가 응원하는 아이는 약간의 강박증이 있어요. 완벽주의자 같은 성향이요. 그래서 뭐든 조금이라도 틈이 보이면 그대로 포기하고 말아요. 이 아이에게는 어떤 용기가 필요할까요?"

숲속 공터의 구름이 물었어.

아들러가 대답했어.

"자신이 실수할 수 있음을 인정하는 사람은 '불완전할 수 있는 용기'를 지닌 사람이야. 이 또한 삶에 도움이 되는 용기이지. 왜냐하면 실수해서는 안 되고, 절대로 실수할 리 없다고 생각하게 되면, 조금이라도 실수할 것 같은 상황에서는 절대로 과제에 도전하지 않게 되거든. 실수를 인정하려 들지 않는 탓에, 그 사실을 아예 감춰 버리는 경우도 있어. 영원히 숨겨 둘 수 있는 잘못이나 실수란 있을 수 없는데도 말이야. 우리는 모두 불완전해. 하지만 그래서 발전할 수 있지. 네가 응원하는 아이가 불완전할 수 있는 용기를 갖게 된다면, 쉽게 포기하는 일은 없을 거야."

## Day 94. 실수를 드러낼 용기에 대하여

"할아버지, 저는 자기가 잘못해 놓고 다른 사람 탓을 하거나 오히려 큰소리치는 사람을 본 적 있어요. 그런 사람들은 왜 그러는 걸까요? 저는 내가 응원하는 아이가 그렇게 될까 봐 걱정이에요."

걷다가 뒤돌아서는 구름이 물었어.

아들러가 대답했어.

"실수를 드러낼 용기가 부족해서야. 실수를 인정하기도 때로는 무척 어려운데, 하물며 다른 사람에게 자신의 실수를 지적당하는 일을 좋아하는 사람은 거의 없지."

"아, 듣고 보니 그런 것 같아요, 할아버지. 실수를 드러낼 용기가 있는 사람은 다르게 행동했을 테니까요."

"그래. 여기 그것에 대한 좋은 예가 있어. 어느 물리학자 이야기야. 어느 날, 그는 강의하다가 칠판에 쓴 수식을 바라보며 몇 번이나 고개를 갸우뚱거렸어. 그러다가 잠깐만 기다려 달라고 말하고는 교실 밖으로 나가 수학자를 모셔왔지. 그러고는 자신이 쓴 수식에 잘못된 점이 있는지 물었어. 학생들이 앞에 있는데도 말이야. 수학자는 곧이어 수식을 고쳐 주었고, 물리학자는 그제야 강의를 이어 갈 수 있었어. 체면에만 급급한 사람이었다면 할 수 없을 일이야. 자신의 실수를 드러낼 용기가 있었기에 가능한 일이었지."

## Day 95. 참회하는 죄인에 대하여

"할아버지, 저는 인간관계가 왜 이토록 어려운지 궁금해요. 내가 응원하는 아이도 이 문제로 고민이 많죠. 갈등은 왜 생길까요?"
혼자 있길 좋아하는 구름이 물었어.

아들러가 대답했어.

"사람과의 관계에서 갈등이 생기는 이유는 다양해. 여러 상황이 있고 사람은 다 다르니까. 하지만 가장 큰 원인은 이해의 부족이야. 나를 알고 변화시키는 일이 어렵듯 다른 사람을 이해하기도 무척 어렵거든. 더욱이 오늘날의 교육은 내가 나를, 사람이 사람을 이해하는 데 도움이 될 배움을 충분히 주지 못해. 안타까운 일이지만, 이런 이유로 우린 진정한 인간 이해는 지금까지 오직 한 가지 유형의 사람에게만 가능하다고 보지. 바로 '참회하는 죄인'이야."

"참회하는 죄인이요?"

"그래, 참회하는 죄인. 그들은 무수한 정신의 혼란 속에서 실수하고 잘못을 거듭해 늪에 빠졌다가 벗어난 사람들이야. 이와 비슷한 경험을 한 사람들, 혹은 그와 비슷한 것을 느끼는 사람 중에는 특별한 공감 능력을 지닌 사람들이 있는데, 이들도 사람을 이해하는 데 필요한 지식을 잘 습득할 수 있어. 그중에서도 가장 훌륭히 인간을 이해할 수 있는 사람은 아마도 모든 열정을 스스로 겪어 낸 사람일 거야. 왜냐하면 그는 삶의 수많은 어려움을 딛고 일어선 사람이니까. 일상의 늪에서 자신을 구해 내고 더 나은 길을 찾아내는 사람이니까. 나쁜 길로 빠질 유혹을 벗어던지고 자신을 고양할 힘을 찾아내는 사람이니까. 그래서 삶의 좋은 면과 나쁜 면을 누구보다도 잘 알게 된 사람이니까."

혼자 있길 좋아하는 구름은 그런 사람이야말로 진정한 영웅이 아닐까 생각했어. 그러곤 자기가 응원하는 아이가 그런 사람을 닮아 가기를 기도했어.

## Day96. 불확실한 미래에 대하여

"할아버지, 내가 응원하는 아이는 어떤 결정도 스스로 하려 하지 않아요. 뭐든 엄마 아빠가 대신 결정해 주길 바라죠. 왜 그럴까요?"

달력 위의 구름이 물었어.

아들러가 대답했어.

"자신이 선택한 일에 책임지고 싶지 않기 때문이 아닐까? 우린 자신의 선택에 스스로 책임을 져야해. 그런데 그게 두렵지. 그래서 불확실한 미래가 두렵다는 이유를 만들어 내. 불확실한 미래가 책임을 회피하기 위한 핑계일 뿐 결정을 미루는 진짜 이유가 될 수는 없는데 말이야."

"그래요? 그럼 아이가 결정을 타인에게 미루지 않게 하려면 어떻게 도우면 돼요?"

"글쎄다. 나는 그 대답을 아이가 찾아낼 거라고 믿어. 그래서 대신 한 가지 우화를 들려주면 어떨까 해. 내가 좋아하는 이야기란다. 한 아버지가 있었어. 그에게는 여러 아들이 있었는데, 그중 한 아이는 유독 미래에 관심이 많았어. 시간이 흘러 아들들은 모두 성장했고, 아버지는 늙고 병들어 마침내 죽음을 앞둔 시간을 맞이했어. 아들들은 아버지의 침상을 지키고 있었지. 그때 한 아들이 물었어. 미래에 관해 아는 게 있으면 알려 달라고 말이야. 그러자 아버지는 이렇게 대답했어. '아들아, 미래에 대해 내가 아는 한 가지 확실한 건, 확실한 것은 아무것도 없고 모든 게 변화한다는 사실이란다.' 우리는 우리가 내리는 결정이 어떤 결과를 가져올지 정확히 몰라. 내일 무슨 일이 일어날지 아무도 알 수 없지. 하지만 그렇다고 오늘을 살지 않을 수는 없어. 그래서 우리가 할 수 있는 건 늘 내일을 향해, 한 발을 내딛는 것뿐이야."

# Day97. 세상에 대하여

"할아버지, 제가 응원하는 아이는 모든 일을 나쁘게 바라보는 염세적인 성격이에요. 아무리 노력해 봤자 세상이 달라질 리 없는데 왜 열심히 살아야 하냐고 묻지요. 아이에게 어떤 말을 해 주면 좋을까요?"

건널목 건너의 구름이 물었어.

아들러가 대답했어.

"세상에는 악, 곤란, 편견 등 분명 부정적인 측면이 있어. 하지만 그것이 바로 우리가 사는 세계란다. 이 말은 곧, 세상에 존재하는 모든 이로운 점과 불리한 점 또한 우리의 것임을 뜻해. 이것은 우리가 저마다 자신에게 주어진 과제에 적절한 방식으로 두려움 없이 맞서는 방법을 배워야만 하는 이유가 되기도 해. 세상을 더 좋은 곳으로 만들 수 있다는 희망은 내가 사는 세상이 '나'의 것이라는 앎에서 출발하거든. 그래서 우리는 다른 사람에게 기대하지 말고 스스로 행동해야 해. 그 행동을 내일이 아닌 '오늘' 해야만 하지. '현재'는 우리가 만들어 가는 나, 그리고 이 세상에 부여된 오직 한 번밖에 없는 시간이자 인류의 역사, 다시 말해서 과거, 현재, 그리고 미래의 전체에 속해 있단다. 오늘이야말로 자신에게 주어진 과제에 창조적인 방법으로 마주할 때이자, 인간 발전에 힘쓸 때인 거야."

## Day9. 공동체의 범위에 대하여

"할아버지, 저는 사실 공동체의 범위가 정확히 어디까지인지 아직 잘 모르겠어요. 공동체란 가족이나 국가를 뜻하나요?"

울타리 너머의 구름이 물었어.

아들러가 대답했어.

"내가 말하는 공동체란 가족을 넘어서 친척, 국가, 인류에까지 확대되는 것이야. 나아가 이 한계를 넘어 동물, 식물, 무생물에 이르기까지, 끝내는 우주까지 확대되지. 왜냐하면 공동체를 가족에 한정하면 가족이기주의로 전락하고, 국가로 한정해 버리면 국가주의로 전락하고 말거든. 그래서 우리의 최종 목표는 언제나 협력이 되어야만 해. 하지만 협력으로 가는 길이 하나만은 아니란다. 우리는 절대 진리를 갖고 있지 않고 협력이라는 최종 목표로 가는 길은 많고 많으니까."

"협력할 길이 많다고요? 어떻게요?"

"우리는 모두 매일 각자에게 주어진 길을 걸으며 '타인의 행복에 공헌'한다는 공동의 선을 향해 나아가는 존재야. 그런데 어떻게 그 길이 하나일 수 있을까?"

# Day99. 하나에 대하여

"할아버지, 저는 우리가 응원하는 인간들이 어떤 존재인지 항상 궁금했어요. 인간이란 어떤 존재일까요?"
점점 커지는 구름이 물었어.

아들러가 대답했어.

"인간은 '있는' 존재가 아니라 '되는' 존재야. 멈춰 있는 게 아니라 움직이는 존재라는 뜻이지. 인간은 늘 새로운 과제와 맞닥뜨리게 되고, 그 과제를 풀기 위해 새로운 시도를 하게 돼. 그게 바로 인간의 삶고. 우리가 속한 공동체도 마찬가지야. 그것은 고정되어 있지 않고 움직여 나아가. 그렇지 않다면 진화는 없었을 거야. 발전도 없었겠지."

"인간과 인간이 속한 공동체 모두 움직이는 존재라니! 놀라워요! 그런 식으로는 생각해 본 적이 없어요!"

점점 커지는 구름이 감탄했어.

아들러가 말을 이었지.

"그래, 놀라운 일이야. 나와 공동체가 함께 움직이며 함께 변화한다는 사실은 정말 놀라워. 모두가 하나라는 것만큼이나 신비롭지."

# Day100. 응원에 대하여

"할아버지, 저는 우리가 응원하는 아이들이 앞으로 어떤 경험을 하게 될지 궁금해요. 어떤 사람으로 성장할지도 무척 궁금하죠. 상상하다 보면 가슴이 얼마나 뛰는지 몰라요. 그래서 또 궁금해졌어요. 우리는 아이들을 위해 무엇을 더 해야 할까요?"

파란 하늘을 닮고 싶은 구름이 물었어.

아들러가 대답했어.

"우리는 이미 어떤 목표를 갖는가에 따라 삶의 경험이 달라진다는 것을 배웠어. 그 목표에 따라 어떻게 생각하고 어떻게 행동할지 결정되니까. 달리 말하면 우리가 경험하는 모든 것은 각자의 목표에 맞게 가치 있다고 평가된 사건이라는 것이지. 그렇다면 너희들이 앞으로 아이들을 위해 해야 할 일이란 뭘까? 그건 이제까지처럼 앞으로도 각자가 응원하는 아이들이 자신에게 필요한 경험을 충분히 할 수 있도록, 거기서 배움을 얻어 다음 단계를 향해 나아갈 수 있도록 믿고 지지하는 일일 거야. 다른 누군가가 아닌 자기 자신이 되어, 자기 삶의 주인으로 다른 사람에게 손을 내밀고 그들과 함께 일하며 삶의 기쁨을 누릴 수 있도록 응원하는 일일 거야."

순간, 파란 하늘을 닮고 싶은 구름은 가슴이 웅장해지는 걸 느꼈어. 자기 안으로 하늘이 온통 들어온 느낌이었지.

에필로그

안녕, 친구들!
우리가 누구인지 이제 너희는 알 거야.
우리가 너희의 영원한 벗이자
가장 가까운 안내자란 사실을.
그런데 그걸 왜 처음부터 알려 주지 않았느냐고?
왜냐하면 우린 대답하는 방법이 아니라 질문하는
법을 먼저 배워야 하니까.
대답은 늘 질문 안에 있잖아, 안 그래?
하지만 뭐? 우리가 누구인지 아직도 눈치채지 못한
친구가 있다고?

그렇다면 딱 한 번만 다시 말해 줄게.
잘 들어 둬. 우리 구름들은 너희의 마음이야.
우린 너희들과 함께 매 순간을 여행하며
함께 보고, 함께 듣고, 함께 느끼지.
너희들을 응원하면서. 지금까지처럼,
그리고 언제까지나.
세상에, 그걸 또 어떻게 믿냐고?
눈에 보이지도 않는 걸 믿을 수는 없다고?
잘 들어 봐. 우리는 너희가 내미는 손이고,
너희가 걷는 걸음이며, 너희가 내쉬는 숨이야.

그러니 외롭거나 힘든 순간이 오더라도
혼자라고 생각하지 않았으면 좋겠어.
우리가 늘 곁에 있음을 기억해 주면 좋겠어.
그래서 매일 우리와 함께 삶이라는
이 완벽한 여행을 신나게 이어 가면 좋겠어.
매일매일 어제의 내가 아닌 오늘의 내가 되어,
내일을 향해 한걸음 기쁘게 나아가면 좋겠어.
우리는 너희 안에서 너희와 함께 숨 쉬고,
뛰어놀며 오늘을 살아간단다.
그렇게 우린 앞으로 나아가는
너희의 모든 여정을 함께하지.
그러니 잊지 마, 친구들.
우린, 하나야.

모두가 떠난 뒤, 뒤늦게 도착한 구름이 숨을 고르며 물었다.

"어떻게 하면 행복해질 수 있나요?"

아들러가 대답했다.

"매일 누군가를 기쁘게 해 줄 방법을 찾아보렴. 그러면 14일 안에 행복해질 수 있어."

아들러는 말을 마치고 연구실 문을 나섰다.

# !!작고 아름다운 철학수업으로 초대합니다!!

| 작고 아름다운 니체의 철학수업 | 작고 아름다운 아들러의 철학수업 | 작고 아름다운 쇼펜하우어의 철학수업 | 작고 아름다운 톨스토이의 철학수업 |
|---|---|---|---|
| 프리드리히 니체 지연리 글·그림 | 알프레드 아들러 지연리 글·그림 | 아르투어 쇼펜하우어 지연리 글·그림 | 레프 톨스토이 지연리 글·그림 |

  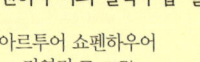 

| 철학자 니체 할아버지의 정원에 초대된 100명의 아이들 100개의 질문을 배낭 속에 넣고 떠난 질문여행! | 100개의 어린구름, 100개의 질문을 들고 아들러의 연구실 문을 두드린 그날 밤 가장 빛나는 질문을 한 사람이 가장 빛나는 답을 얻는다! | 눈 내리는 겨울 아침의 마법, 쇼펜하우어와 함께 떠나는 100명의 아이들, 100가지 질문여행! | 인간의 가장 깊은 곳을 꿰뚫어보는 톨스토이 문학과 함께 떠나는 100명의 아이들, 100가지 작은 수업 |

〈작고 아름다운 철학수업〉은 계속 출간됩니